Das unverzichtbare Süßkartoffel-Kochbuch

100 köstliche Rezepte, um die nahrhafte und vielseitige Süßkartoffel zu genießen

Minna Voigt

Urheberrechtliches Material ©2023

Alle Rechte vorbehalten

Kein Teil dieses Buches darf ohne die entsprechende schriftliche Zustimmung des Herausgebers und Urheberrechtsinhabers in irgendeiner Form oder auf irgendeine Weise verwendet oder übertragen werden, mit Ausnahme von kurzen Zitaten, die in einer Rezension verwendet werden. Dieses Buch sollte nicht als Ersatz für medizinische, rechtliche oder andere professionelle Beratung betrachtet werden.

INHALTSVERZEICHNIS

INHALTSVERZEICHNIS 3
EINFÜHRUNG 7
FRÜHSTÜCK 8

1. Würzige südwestliche Frühstücksschüssel 9
2. Schokoladen-Waffel-Eisbecher 11
3. Frühstückspfanne 14
4. Süßkartoffel-Hash-Ei-Pfanne 16
5. Eier in Nestern 18
6. Barbecue-Hash 20
7. Süßkartoffel-Pekannuss-Bourbon-Waffeln 22
8. Waffel-Süßkartoffel-Gnocchi 25
9. Süßkartoffel-Toast 28
10. Frühstückssüßkartoffel mit Hibiskustee-Joghurt 30
11. Wurst-Süßkartoffel-Hash und Eier 33
12. Süßkartoffel-Ei-Pfanne 35
13. Frittierte Süßkartoffel-Rösti 37
14. Omeletts mit Ziegenkäse, Süßkartoffeln und Croutons .. 39

VORSPEISEN 42

15. Süßkartoffeln und Äpfel in Rum 43
16. Gefüllte Süßkartoffeln 45
17. Gefüllte Süßkartoffel auf Rucola 47
18. Chiles Anchos Rellenos 49
19. Süßkartoffel- und Karotten-Tinga-Tacos 52
20. Pizza mit gerösteten Wurzeln 54
21. Süßkartoffellatkes 57
22. Daigaku imo 59
23. Quinoa-Muffin-Häppchen 61
24. Kurkuma-Süßkartoffel-Pastetchen 63
25. Süßkartoffel-Nachos 66

26. Süßkartoffel-Marshmallow-Häppchen 68
27. Ceviche Peruano 70
28. Ingwer-Süßkartoffel-Krapfen 72

Burger, Wraps und Sandwiches 74

29. Quinoa-Süßkartoffel-Burger 75
30. Linsen-Reis-Burger 78
31. Würzige Taquitos aus Süßkartoffeln und schwarzen Bohnen 80

HAUPTKURS 83

32. Würzige Hähnchenviertel mit Süßkartoffeln 84
33. Florentiner Süßkartoffeln mit Knoblauch 87
34. Risotto mit grünen Bohnen und Süßkartoffeln 89
35. Gebackener Lachs und Süßkartoffeln 91
36. Lachs-Teriyaki mit Gemüse 94
37. Lachs mit Süßkartoffeln und Bohnen 97
38. Matcha gedämpfter Kabeljau 99
39. Süßkartoffel-Marshmallow-Auflauf 101
40. Kalt gebratene Ente mit Gemüse 103
41. Büffel-Tempeh-Ernteschalen 105

SUPPEN UND CURRIES 108

42. Crockpot-Hühnersuppe 109
43. Thailändische Kokos-Curry-Flunder 111
44. Crockpot Karotten-Ingwer-Suppe 113
45. Bouillonsuppe 115
46. Currylinsen mit Süßkartoffeln und Kichererbsen 118
47. Mexikanische Rindfleisch-Süßkartoffelbrühe-Suppe 120
48. Süßkartoffel-Tequila-Suppe 123
49. Roter Bohneneintopf aus Jamaika 125
50. Hühnersuppe 127
51. Mais-Suppe 130

52. Lachs-Gemüsesuppe 133

53. Gemahlener Bison-Gemüse-Eintopf 135

54. Kokos-Rindfleisch-Curry 137

55. Süßkartoffel-Kürbis-Suppe 139

56. Thailändisches Süßkartoffel-Curry 142

57. Thai-Curry-Hot Pot 144

58. Würzige Süßkartoffel-Grünkohl-Cannellini-Suppe 147

59. Süßkartoffel-Hühnereintopf 150

60. Süßkartoffel-Linsen-Eintopf 153

61. Callaloo-Suppe 155

62. Kichererbsen-Süßkartoffeleintopf 158

63. Kokos-Curry-Linsen 160

PASTA 163

64. Kastanien- und Süßkartoffel-Gnocchi 164

65. Bucatini mit Pesto und Süßkartoffeln 168

66. Kastanien- und Süßkartoffel-Gnocchi 171

SEITEN 175

67. Limetten- und Tequila-Süßkartoffeln 176

68. Süßkartoffel-Speckbrei 178

69. Gebratene Süßkartoffeln mit Parmesan 180

70. Süßkartoffeln mit Tamarinde 182

71. Fallgemüse auf den Grill 184

72. Gegrilltes Chimichurri-Gemüse 186

73. Geröstete Knoblauch-Süßkartoffeln 188

74. Sous Vide Süßkartoffeln mit Ahornglasur 190

75. Speck und Süßkartoffeln 192

76. Gemischter Gouda-Kartoffelbrei 194

77. Zweifarbige gebackene Süßkartoffeln 196

78. Chili-Süßkartoffelgratin 198

SALATE 200

79. Rucola-Süßkartoffel-Salat 201
80. Herbsterntesalat 203
81. Süßkartoffel und Brokkoli mit Granatapfel-Dressing 205
82. Grünkohlsalat mit Süßkartoffeln 207
83. Süßkartoffelsalat mit Mandeln 210
84. Quinoa-Mango-Salat mit Kartoffelpüree 212
85. Gegrillter Drei-Kartoffel-Salat 214
86. Gerösteter Süßkartoffel-Prosciutto-Salat 216
87. Salat mit geröstetem Gemüse und Polenta 218
88. Geröstete Süßkartoffeln und frische Feigen 221
89. Caesar-Salat mit BBQ-Süßkartoffel-Croutons 224
90. Grüner Süßkartoffel-Avocado-Salat 227

NACHTISCH 229

91. Hühnerpastete mit Süßkartoffeln 230
92. Kokosnuss-Süßkartoffelpudding 233
93. Süßkartoffelkuchen-Trifle 235
94. Süßkartoffelkuchen-Tiramisu 237
95. Kirsch-Süßkartoffelbrot 240
96. Cranberry-Süßkartoffel-Muffins 242
97. Geriebener Süßkartoffelpudding 244

GETRÄNKE 246

98. Apfelkuchensaft 247
99. Süßkartoffelkuchen-Proteinshake 249
100. Süßkartoffel-Shake 251

ABSCHLUSS 253

EINFÜHRUNG

Süßkartoffeln sind ein vielseitiges und nahrhaftes Wurzelgemüse, das in einer Vielzahl von Gerichten verwendet werden kann, von süß bis herzhaft. Dieses Kochbuch feiert die Süßkartoffel mit 100 köstlichen Rezepten, die Ihren Gaumen erfreuen und Ihren Körper nähren.

Egal, ob Sie süße oder herzhafte Gerichte bevorzugen, in diesem Kochbuch ist für jeden etwas dabei. Von Süßkartoffelpfannkuchen und Muffins bis hin zu Suppen, Eintöpfen und Currys – dieses Kochbuch wird Sie dazu inspirieren, die vielen Möglichkeiten zu erkunden, wie Sie Süßkartoffeln in Ihre Mahlzeiten integrieren können.

Jedes Rezept wird von einem farbenfrohen Bild begleitet, das Ihnen das Wasser im Mund zusammenlaufen lässt und Sie dazu inspiriert, neue Gerichte auszuprobieren. Die Rezepte sind einfach zu befolgen und enthalten Schritt-für-Schritt-Anleitungen, die Sie durch den Kochvorgang führen.

Süßkartoffeln sind nicht nur köstlich, sie stecken auch voller Nährstoffe. Sie sind eine ausgezeichnete Quelle für Ballaststoffe, Vitamine und Mineralstoffe, einschließlich Vitamin A, Vitamin C und Kalium. Mit diesem Kochbuch können Sie die gesundheitlichen Vorteile von Süßkartoffeln genießen und gleichzeitig köstliche Mahlzeiten genießen.

FRÜHSTÜCK

1. Würzige südwestliche Frühstücksschüssel

Macht: 2

ZUTATEN
- 2 Süßkartoffeln, geschält und gewürfelt
- Extra natives Olivenöl zum Beträufeln
- Prise Salz und Pfeffer
- 1 Teelöffel Chilipulver
- 2 Streifen Hühnerspeck
- ½ mittelgelbe Zwiebel, gewürfelt
- ½ grüne Paprika, gewürfelt
- ½ rote Paprika, gewürfelt
- 1 Jalapeño, entkernt und gewürfelt
- 2-3 Tassen frischer Spinat
- 2 Eier
- 1 Teelöffel Ghee
- 1 Avocado, entkernt und gewürfelt

ANWEISUNGEN:
a) Heizen Sie den Ofen auf 375 Grad F vor.
b) Die Süßkartoffeln auf ein Backblech legen und mit etwas Olivenöl beträufeln.
c) Mit Salz, Pfeffer und Chilipulver würzen.
d) 20 Minuten backen, dabei einmal wenden.
e) Den Hühnerspeck in einer Pfanne kochen; beiseite legen.
f) Paprika, Zwiebeln und Jalapeño in die Pfanne geben; 6 Minuten anbraten.
g) Den Spinat dazugeben und gut kochen.
h) In einer anderen Pfanne das Ghee schmelzen.
i) Kochen Sie die Eier und würzen Sie sie mit Salz und Pfeffer.
j) Die Süßkartoffeln servieren und mit der Gemüsemischung belegen, gefolgt von Ei, zerbröckeltem Hühnerspeck und Avocado.

2. Schokoladen-Waffel-Eisbecher

Ergibt 4 PORTIONEN

ZUTATEN
- 1 Tasse gekochte Süßkartoffeln (etwa 1 große Süßkartoffel)
- 1½ Tassen Allzweckmehl
- 2 Esslöffel brauner Zucker
- 1 ½ Teelöffel Backpulver
- ½ Teelöffel koscheres Salz
- ¼ Teelöffel Backpulver
- 1 Tasse Buttermilch
- 2 große Eier
- ½ Tasse Pekannüsse
- 2 Esslöffel ungesalzene Butter, geschmolzen
- 1 Esslöffel hellbrauner Zucker
- Bourbonsirup:
- 1 Tasse reiner Ahornsirup
- 2 Esslöffel ungesalzene Butter, 2 Esslöffel Bourbon

Richtungen

a) In einer mittelgroßen Schüssel Mehl, Zucker, Kakaopulver, Backpulver und Salz vermischen. Butter und Schokolade in einem kleinen Topf bei mittlerer Hitze schmelzen und etwas abkühlen lassen.

b) Die geschmolzene Butter und die Schokolade sowie Milch, Vanilleextrakt und Eigelb unter das Mehl rühren.

c) In einer sauberen, mittelgroßen Schüssel das Eiweiß kräftig verquirlen, bis es weiche Spitzen erreicht. Nehmen Sie 1/3 des geschlagenen Eiweißes heraus und heben Sie es vorsichtig unter den Waffelteig. Achten Sie dabei darauf, dass das Eiweiß keine Luft verliert.

d) Fahren Sie mit jeweils einem Drittel des restlichen Weiß fort.

e) Schalten Sie das Waffeleisen ein und heizen Sie es vor, bis das Flammensymbol nicht mehr blinkt. Anschließend mit zerlassener Butter bestreichen oder mit Backspray besprühen.

f) Gießen Sie etwa eine halbe Tasse Teig in die Mitte des Waffeleisens und schließen Sie den Deckel.

g) Nachdem Sie den Deckel geschlossen haben, drehen Sie das Waffeleisen um 180° und backen es etwa 2 Minuten lang.

h) Nach etwa zwei Minuten sollten Sie eine schöne goldene Farbe haben. Wenn Sie möchten, dass es noch ein bisschen mehr geht, schließen Sie den Deckel und drücken Sie die Taste „Ein bisschen mehr".

i) Auf ein Backblech mit Rand legen und darauf ein Abkühlgitter legen.

j) Bewahren Sie die Waffeln im auf 250 °C vorgeheizten Ofen auf, damit sie warm bleiben.

k) Mit dem restlichen Teig wiederholen. Zum Servieren: 2-3 Kugeln Eis auf eine Waffel geben und mit Schokoladensauce, Karamellsauce und Schlagsahne belegen.

3. Frühstückspfanne

Marken: 2

ZUTATEN:
- 1 große oder 2 kleine Süßkartoffeln geschält und in Würfel geschnitten
- 1/2 Tasse grüner Pfeffer, gewürfelt
- 1/2 Tasse Zwiebel gewürfelt
- 1/2 Tasse Pilze gewürfelt
- 1 gewürfelte Roma-Tomate
- 2 Esslöffel geriebener Cheddar-Käse
- 2 Eier
- 2 Teelöffel Kokosöl
- 2 Teelöffel Kreuzkümmel
- Frisch gemahlener schwarzer Pfeffer nach Geschmack

Richtungen
a) In einer Backform Öl über die Süßkartoffelwürfel träufeln, mit Kreuzkümmel und schwarzem Pfeffer würzen und gut vermischen.
b) 30 Minuten backen, bis es braun und knusprig ist.
c) Wenn die Kartoffeln etwa zur Hälfte fertig gebacken sind, erhitzen Sie das Olivenöl in einer Pfanne bei mittlerer bis hoher Hitze.
d) Grüne Paprika, Zwiebeln und Pilze anbraten.
e) Wenn die Kartoffeln fertig sind, gut mit dem Gemüse vermischen.
f) Vom Herd nehmen, Tomate hinzufügen und beiseite stellen. Mit Käse bestreuen.

4. Süßkartoffel-Hash-Ei-Pfanne

Portionen: 1

Zutaten

- 1 Pfund Süßkartoffeln, gewürfelt
- 1/4 gelbe Zwiebel, gewürfelt
- 1 große Knoblauchzehe, gehackt
- 1 Esslöffel natives Olivenöl extra
- 1/2 Teelöffel gemahlener Koriander
- 1/4 Teelöffel Salz
- 2 große Eier
- 1 Teelöffel geräuchertes Paprikapulver

Toppings

- Brokkoli-Microgreens
- Geröstete Pepitas
- Rote Paprikaflocken

Richtungen

a) Erhitzen Sie in einer mittelgroßen Pfanne eine 8-Zoll- oder 10-Zoll-Pfanne.

b) Fügen Sie die Zwiebeln und den Knoblauch hinzu, nachdem Sie das Olivenöl hinzugefügt haben.

c) 4–5 Minuten kochen lassen oder bis die Zwiebel durchscheinend ist und duftet.

d) Die Süßkartoffeln dazugeben und unter regelmäßigem Wenden 12 bis 15 Minuten köcheln lassen, bis sie goldbraun und weich sind.

e) Nach Zugabe der Gewürze und des Salzes noch eine Minute köcheln lassen.

f) Machen Sie zwei Mulden in die Süßkartoffeln. Fügen Sie die Eier hinzu und kochen Sie etwa 10 bis 12 Minuten lang, bis das Eiweiß fest ist und das Eigelb die gewünschte Konsistenz erreicht hat.

g) Garnieren Sie die Eierpfanne vor dem Servieren mit Microgreens, gerösteten Pepitas und roten Paprikaflocken.

5. Eier in Nestern

Ergibt: 6 Portionen

ZUTATEN:
- 1 Pfund Süßkartoffeln, geschält
- 2 Esslöffel Olivenöl
- 1/4 Teelöffel Salz, geteilt
- 1/4 Teelöffel schwarzer Pfeffer, geteilt
- 12 große Eier

ANWEISUNGEN:
a) Heizen Sie den Ofen auf 400 Grad Fahrenheit vor.
b) Beschichten Sie ein 12-Tassen-Muffinblech mit Kochspray.
c) Kartoffeln mit einer Küchenreibe zerkleinern und beiseite stellen. Erhitzen Sie das Olivenöl in einer großen Pfanne bei mittlerer bis hoher Hitze. 1/8 Teelöffel Salz, 1/8 Teelöffel Pfeffer, gewürfelte Süßkartoffeln
d) Kartoffeln etwa 5–6 Minuten weich kochen. Vom Herd nehmen und beiseite stellen, bis es kühl genug zum Anfassen ist.
e) In jede Muffinform 1/4 Tasse gekochte Kartoffeln drücken. Den Boden und die Seiten des Muffinförmchens fest andrücken.
f) Bestreichen Sie die Kartoffeln mit Kochspray und backen Sie sie 5–10 Minuten lang oder bis die Seiten leicht gebräunt sind.
g) Schlagen Sie in jedes Süßkartoffelnest ein Ei auf und würzen Sie es mit dem restlichen 1/8 Teelöffel Salz und 1/8 Teelöffel Pfeffer.
h) 15–18 Minuten backen oder bis Eiweiß und Eigelb den gewünschten Gargrad erreicht haben.
i) Lassen Sie es 5 Minuten lang abkühlen, bevor Sie es aus der Pfanne nehmen. Servieren und Spaß haben!

6. Barbecue-Hash

Zutat
- 3 Süßkartoffeln, geschält und gehackt
- 1 (8 Unzen) Packung Tempeh, gehackt
- 1 Zwiebel, fein gehackt
- 1 rote Paprika, fein gehackt
- 1 Esslöffel im Laden gekaufte Barbecuesauce
- 1 Teelöffel Cajun-Gewürz
- ¼ Tasse gehackte frische Petersilie
- 4 Eier, Peperonisauce (optional)

Richtungen
a) Erhitzen Sie 3 Esslöffel Öl in einer großen beschichteten Pfanne bei mittlerer bis hoher Hitze. Fügen Sie die Süßkartoffeln und das Tempeh hinzu und kochen Sie es unter gelegentlichem Rühren 5 Minuten lang oder bis die Mischung anfängt zu bräunen. Reduzieren Sie die Hitze auf mittlere Stufe.
b) Zwiebel und Paprika hinzufügen und weitere 12 Minuten kochen lassen, dabei am Ende der Garzeit häufiger umrühren, bis das Tempeh gebräunt und die Kartoffeln weich sind.
c) Fügen Sie die Barbecue-Sauce, das Cajun-Gewürz und die Petersilie hinzu. Alles vermengen und dann auf 4 Servierteller verteilen.
d) Wischen Sie die Pfanne mit einem Papiertuch aus. Reduzieren Sie die Hitze auf mittlere bis niedrige Stufe und fügen Sie den restlichen 1 Esslöffel Öl hinzu. Schlagen Sie die Eier in die Pfanne und kochen Sie sie bis zum gewünschten Gargrad.
e) Auf jede Portion Haschisch ein Ei schieben und sofort servieren. Nach Belieben Peperonisauce am Tisch verteilen.

7. Süßkartoffel-Pekannuss-Bourbon-Waffeln

Ergibt 4 PORTIONEN

ZUTATEN

- 2 ½ -3 Pfund Schweineschulter zum Einreiben
- 2 Teelöffel Chilipulver
- 2 Teelöffel Kreuzkümmelpulver
- 2 Teelöffel koscheres Salz
- 1 Teelöffel Paprika
- 1 Teelöffel schwarzer Pfeffer
- ½ Teelöffel Knoblauchpulver
- ½ Teelöffel Zwiebelpulver
- ½ Teelöffel Cayennepfeffer

FÜR DIE GRILLSAUCE:

- 1 große Zwiebel, gehackt
- 3 Knoblauchzehen, gehackt
- 1 ½ Tassen Ketchup
- ½ Tasse brauner Zucker
- 2 Esslöffel Apfelessig
- 4 Teelöffel Worcestershire-Sauce
- 1 Teelöffel Cayennepfeffer
- 1 Teelöffel koscheres Salz
- 1 Esslöffel Bourbon

Er waffelt

- 1 ½ Tassen Allzweckmehl
- ¾ Tassen gelbes Maismehl
- 1 Esslöffel Rohrzucker
- 2 Teelöffel Backpulver
- 1 Teelöffel Backpulver
- ½ Teelöffel koscheres Salz
- 1½ Tassen Buttermilch
- 2 große Eier
- 2 Esslöffel ungesalzene Butter, geschmolzen
- ¼ Tasse Honig

RICHTUNGEN

a) In einer mittelgroßen Schüssel die Süßkartoffel mit der Rückseite einer Gabel zerdrücken und dann Mehl, braunen Zucker, Backpulver, Salz und Natron vermischen. Buttermilch, Eier und geschmolzene Butter unterrühren.

b) Die geschmolzene Butter einrühren, bis keine trockenen Stellen mehr vorhanden sind. Schalten Sie das Waffeleisen ein und heizen Sie es vor, bis das Flammensymbol nicht mehr blinkt. Anschließend mit zerlassener Butter bestreichen oder mit Backspray besprühen.

c) Gießen Sie etwa eine halbe Tasse Teig in die Mitte des Waffeleisens und schließen Sie den Deckel. Nachdem Sie den Deckel geschlossen haben, drehen Sie das Waffeleisen um 180° und backen es etwa 2 Minuten lang. Nach etwa zwei Minuten sollten Sie eine schöne goldene Farbe haben. Wenn Sie möchten, dass es noch ein bisschen mehr geht, schließen Sie den Deckel und drücken Sie die Taste „Ein bisschen mehr".

d) Auf ein Backblech mit Rand legen und darauf ein Abkühlgitter legen. Bewahren Sie die Waffeln im auf 250 °C vorgeheizten Ofen auf, damit sie warm bleiben.

e) Mit dem restlichen Teig wiederholen. Während die Waffeln backen, Sirup, Butter, Bourbon und braunen Zucker in einem mittelgroßen Topf bei mittlerer Hitze vermischen und zum Köcheln bringen. Etwa 2 Minuten kochen lassen.

f) Die Waffeln mit dem warmen Sirup darüber servieren.

g) Übrig gebliebene Waffeln können bis zu 3 Monate eingefroren werden. Gießen Sie zusätzlichen Sirup in eine Flasche und bewahren Sie ihn bis zu 1 Monat im Kühlschrank auf.

h) Vor dem Servieren erwärmen.

8. Waffel-Süßkartoffel-Gnocchi

Ergibt: Für 4 Personen (ergibt etwa 60 Gnocchi)

ZUTATEN
- 1 große Backkartoffel (z. B. Rotbraun) und 1 große Süßkartoffel (insgesamt etwa 1½ Pfund)
- 1¼ Tassen Allzweckmehl, plus mehr zum Bemehlen der Arbeitsfläche
- ½ Tasse geriebener Parmesankäse
- 1 Teelöffel Salz
- ½ Teelöffel frisch gemahlener schwarzer Pfeffer
- Prise geriebene Muskatnuss (optional)
- 1 großes Ei, geschlagen
- Antihaft-Kochspray oder geschmolzene Butter
- Pesto oder Waffel-Salbei-Butter-Sauce

ANWEISUNGEN:
a) Heizen Sie den Ofen auf 350 °F vor.
b) Backen Sie die Kartoffeln etwa eine Stunde lang, bis sie sich leicht mit einer Gabel durchstechen lassen. Lassen Sie die Kartoffeln etwas abkühlen und schälen Sie sie dann.
c) Geben Sie die Kartoffeln durch eine Lebensmittelmühle oder eine Reispresse oder reiben Sie sie über die großen Löcher einer Kastenreibe und in eine große Schüssel.
d) Geben Sie 1¼ Tassen Mehl zu den Kartoffeln und vermischen Sie sie mit den Händen. Brechen Sie dabei alle Kartoffelklumpen auf. Streuen Sie Käse, Salz, Pfeffer und Muskatnuss über den Teig und kneten Sie ihn leicht, um ihn gleichmäßig zu verteilen.
e) Sobald Mehl und Kartoffeln vermischt sind, eine Mulde in die Mitte der Schüssel drücken und das geschlagene Ei hinzufügen. Bearbeiten Sie das Ei mit den Fingern durch den Teig, bis er anfängt, sich zu verbinden. Es wird leicht klebrig sein.

f) Den Teig auf einer leicht bemehlten Arbeitsfläche ein paar Mal vorsichtig durchkneten, um ihn zu vermischen. Es sollte feucht, aber nicht nass und klebrig sein. Wenn es zu klebrig ist, fügen Sie jeweils 1 Esslöffel Mehl hinzu, bis zu ¼ Tasse. Rollen Sie den Teig zu einer Rolle und schneiden Sie ihn in 4 Stücke.

g) Rollen Sie jedes Stück zu einem Seil von etwa dem Durchmesser Ihres Daumens und schneiden Sie es dann mit einem scharfen Messer in 1-Zoll-Segmente.

h) Das Waffeleisen auf mittlerer Stufe vorheizen. Bestreichen Sie beide Seiten des Waffeleisengitters mit Antihaftspray oder bestreichen Sie die Gitter mit einem Silikonpinsel.

i) Schalten Sie den Ofen auf die niedrigste Stufe und legen Sie ein Backblech beiseite, um die fertigen Gnocchi warm zu halten.

j) Schütteln Sie vorsichtig das restliche Mehl von den Gnocchi und geben Sie eine Portion auf das Waffeleisen, sodass jeweils etwas Platz zum Aufgehen bleibt. Schließen Sie den Deckel und kochen Sie die Gnocchi 2 Minuten lang, bis die Gittermarkierungen auf den Gnocchi goldbraun sind.

k) Wiederholen Sie den Vorgang mit den restlichen Gnocchi und halten Sie die gekochten Gnocchi auf dem Backblech im Ofen warm.

l) Heiß mit Pesto-Sauce oder Waffel-Salbei-Butter-Sauce servieren.

9. Süßkartoffel-Toast

ZUTATEN:
- 2 große Süßkartoffeln, in Scheiben geschnitten.
- ¼ Zoll dicke Scheiben.
- 1 Esslöffel Avocadoöl.
- 1 Teelöffel Salz ½ Tasse Guacamole.
- ½ Tasse Tomaten, in Scheiben geschnitten.

ANWEISUNGEN:
a) Heizen Sie Ihren Backofen auf 425° F vor.
b) Decken Sie ein Backblech mit Pergamentpapier ab.
c) Reiben Sie die Kartoffelscheiben mit Öl und Salz ein und legen Sie sie auf ein Backblech. 5 Minuten im Ofen backen, dann umdrehen und erneut 5 Minuten backen.
d) Die gebackenen Scheiben mit Guacamole und Tomaten belegen.

10. Frühstückssüßkartoffel mit Hibiskustee-Joghurt

Macht: 2

ZUTATEN
- 2 lila Süßkartoffeln

FÜR DAS MÜSLI:
- 2 ½ Tassen Hafer
- 2 Teelöffel getrocknete Kurkuma
- 1 Teelöffel Zimt
- 1 Esslöffel Zitrusschale
- ¼ Tasse Honig
- ¼ Tasse Sonnenblumenöl
- ½ Tasse Kürbiskerne
- Prise Salz

FÜR DEN JOGHURT:
- 1 Tasse griechischer Naturjoghurt
- 1 Teelöffel Ahornsirup
- 1 Beutel Hibiskustee
- essbare Blüten, zum Garnieren

ANWEISUNGEN
a) Heizen Sie den Ofen auf 425 Grad vor und stechen Sie mit einer Gabel überall in die Kartoffeln.

b) Wickeln Sie die Kartoffeln in Alufolie ein und backen Sie sie 45 Minuten bis eine Stunde lang.

c) Aus dem Ofen nehmen und abkühlen lassen.

FÜR DAS MÜSLI:

d) Reduzieren Sie die Ofentemperatur auf 250 Grad und legen Sie ein Backblech mit Backpapier aus.

e) Alle Müslizutaten in eine Rührschüssel geben und verrühren, bis alles mit Honig und Öl bedeckt ist.

f) Auf das mit Backpapier ausgelegte Backblech geben und möglichst gleichmäßig verteilen.

g) 45 Minuten backen, dabei alle 15 Minuten umrühren, oder bis das Müsli gebräunt ist.

h) Aus dem Ofen nehmen und abkühlen lassen.

FÜR DEN JOGHURT:

i) Bereiten Sie Hibiskustee gemäß den Anweisungen im Teebeutel zu und stellen Sie ihn zum Abkühlen beiseite.

j) Sobald die Raumtemperatur erreicht ist, verquirlen Sie den Ahornsirup und den Tee mit dem Joghurt, bis eine glatte, cremige Konsistenz mit einem leicht rosa Farbton entsteht.

MONTIEREN:

k) Die Kartoffeln halbieren und mit Müsli, aromatisiertem Joghurt und essbaren Blüten zum Garnieren belegen.

11. Wurst-Süßkartoffel-Hash und Eier

Macht: 4

ZUTATEN:
- Eier, groß 4
- 1/4 Teelöffel salzen
- Pekannüsse (gehackt) 1/4 Tasse
- Frühlingszwiebeln (in Scheiben geschnitten) 4
- Preiselbeeren (getrocknet) 1/4 Tasse
- Granny-Smith-Äpfel, mittelgroß (gehackt) 2
- Süßkartoffeln, gewürfelt (jeweils geschält und 0,6 cm große Würfel), 2 italienische Putenwurststücke (ohne Hülle), 4 1/8 Tassen

ANWEISUNGEN:
a) Nehmen Sie eine große Bratpfanne, die mit Kochspray bestrichen ist, und kochen Sie die Süßkartoffeln und Würstchen bei mittlerer Flamme 8 bis 10 Minuten lang, bis die Wurst nicht mehr rosa ist, und zerbröseln Sie die Wurst in kleine Stücke.
b) Salz, Pekannüsse, Preiselbeeren und Apfel hinzufügen, 4 bis 6 Minuten kochen und vermischen, bis die Kartoffeln weich sind.
c) Nehmen Sie die Mischung aus der Pfanne und streuen Sie einige Frühlingszwiebeln darüber. Halten Sie es warm.
d) Wischen Sie die Pfanne sauber und bestreichen Sie sie erneut mit Kochspray. Stellen Sie die Pfanne auf eine mittlere bis hohe Flamme.
e) Schlagen Sie die Eier nacheinander in die Pfanne. Reduzieren Sie die Flamme auf niedrig. Kochen, bis der gewünschte Gargrad erreicht ist. Nach Belieben wenden, nachdem das Eiweiß fest geworden ist.
f) Servieren Sie es mit dem Haschisch.

12. Süßkartoffel-Ei-Pfanne

Macht: 4

ZUTATEN:
- Pfeffer (grob gemahlen) 1/8 Teelöffel
- Eier, groß 4
- Babyspinat (frisch) 2 Tassen
- Getrockneter Thymian 1/8 Teelöffel
- Salz (verteilt) 1/2 Teelöffel
- Knoblauchzehe (gehackt) 1
- Süßkartoffeln, mittelgroß (zerkleinert und gewürfelt) 4 Tassen
- 2 Esslöffel Butter

ANWEISUNGEN:

a) Nehmen Sie eine schwere Pfanne oder eine große Gusseisenpfanne.

b) Die Butter darin auf kleiner Flamme erhitzen.

c) Thymian, 1/4 Teelöffel Salz, Knoblauch und Süßkartoffeln hinzufügen.

d) Abdecken und 4 bis 5 Minuten kochen lassen, bis die Kartoffeln weich werden. In regelmäßigen Abständen umrühren.

e) Den Spinat untermischen und 2 bis 3 Minuten rühren, bis er zusammenfällt.

f) Mit der Rückseite eines Löffels vier Mulden in die Kartoffelmischung formen.

g) In jede Vertiefung ein Ei aufschlagen.

h) Streuen Sie etwas Pfeffer und das restliche Salz auf die Eier. Decken Sie es ab und kochen Sie es 5 bis 7 Minuten lang auf mittlerer bis niedriger Flamme, bis das Eiweiß vollständig fest ist und das Eigelb anfängt einzudicken. Achten Sie jedoch darauf, dass es nicht hart ist.

13. Frittierte Süßkartoffel-Rösti

Ergibt: 8 Portionen

ZUTATEN:
- ½ Pfund gewürfelter Speck
- 1 Tasse gehackte Zwiebeln
- 1 Salz; schmecken
- 1 frisch gemahlener schwarzer Pfeffer; schmecken
- 1 Esslöffel gehackter Knoblauch
- 2 Pfund Süßkartoffeln; geschält, gerieben

ANWEISUNGEN:
a) Den Speck in einer großen Pfanne etwa 8 Minuten lang knusprig braten.

b) Fügen Sie die Zwiebeln hinzu. Mit Salz und Pfeffer würzen.

c) Die Zwiebeln ca. 2 Minuten anbraten, bis sie weich sind.

d) Knoblauch und Süßkartoffeln hinzufügen. Mit Salz und Pfeffer würzen.

e) Etwa 10 bis 15 Minuten anbraten. Vom Herd nehmen und warm servieren.

14. Omeletts mit Ziegenkäse, Süßkartoffeln und Croutons

Ergibt: 2 Portionen

ZUTATEN:
- 2 Esslöffel ungesalzene Butter
- 1 Tasse Landbrot in 1/2-Zoll-Würfeln
- 1 mittelgroße Süßkartoffel -; (ca. 1/2 Pfund)
- 1 kleine rote Zwiebel; dünn geschnitten
- 2 Unzen weicher, milder Ziegenkäse; zerbröckelt
- 1 Teelöffel gehackte frische Rosmarinblätter
- 5 große Eier
- Salz; schmecken
- Frisch gemahlener schwarzer Pfeffer; schmecken

ANWEISUNGEN:

a) Ofen vorheizen auf 350 Grad. In einer beschichteten 8-Zoll-Pfanne 1 Esslöffel Butter bei mäßiger Hitze schmelzen und in einer Schüssel mit den Brotwürfeln vermengen.

b) Brotwürfel auf einem Backblech in der Mitte des Ofens ca. 10 Minuten rösten, bis sie hellgolden und knusprig sind, und in eine Schüssel geben.

c) Süßkartoffel schälen und in ¼-Zoll-Würfel schneiden. In einem Dampfgarer über kochendem Wasser Kartoffeln und Zwiebeln ca. 4 Minuten dünsten, bis sie weich sind, und mit den Croutons vermischen. Die Mischung abkühlen lassen und mit Ziegenkäse und Rosmarin vermischen. In einer Schüssel Eier verquirlen und mit Salz und Pfeffer abschmecken.

d) In der Pfanne ½ Esslöffel Butter bei mäßig hoher Hitze erhitzen, bis der Schaum nachlässt. Gießen Sie die Hälfte der Eier hinein und kippen Sie die Pfanne, um sie gleichmäßig auf dem Boden zu verteilen.

e) Kochen Sie das Omelett 1 Minute lang oder bis es fast fest ist. Rühren Sie dabei die obere Schicht mit der Rückseite einer Gabel um und schütteln Sie die Pfanne, sodass ungekochtes Ei darunter laufen kann.

f) Die Hälfte des Omeletts mit der Hälfte der Crouton-Mischung bestreuen und noch 1 Minute kochen, oder bis es fest ist. Omelett über die Füllung klappen und auf einen Teller geben.

g) Halten Sie das Omelett warm und bereiten Sie auf die gleiche Weise ein weiteres Omelett mit der restlichen Butter-Eier-Crouton-Mischung zu.

VORSPEISEN

15. **Süßkartoffeln und Äpfel in Rum**

Macht: 6

ZUTATEN:
- ¼ Teelöffel schwarzer Pfeffer
- 3 Süßkartoffeln, geschrubbt und mit einer Gabel eingestochen
- ½ Teelöffel gemahlener Zimt
- 1 Esslöffel Apfelessig
- ½ Teelöffel koscheres Salz
- 2 Esslöffel dunkler Rum
- 1 Esslöffel ungesalzene Butter

BELAG
- 2 Tassen geschälte und gehackte Granny-Smith-Äpfel
- Frische Salbeiblätter
- 3 Esslöffel gehackte Pekannüsse, geröstet

ANWEISUNGEN:
a) Alle Zutaten außer dem Belag in einem 6-Liter-Crockpot vermischen.
b) Langsam kochen, bis die Kartoffeln weich sind, etwa 6 Stunden.
c) Nehmen Sie die Kartoffeln heraus und schneiden Sie sie der Länge nach in zwei Hälften.
d) Mit Äpfeln, Pekannüssen und Salbeiblättern belegen.

16. **Gefüllte Süßkartoffeln**

Macht: 1

ZUTATEN:
- 1 Tasse Wasser
- 1 Süßkartoffel
- 1 Esslöffel reiner Ahornsirup
- 1 Esslöffel Mandelbutter
- 1 Esslöffel gehackte Pekannüsse
- 2 Esslöffel Blaubeeren
- 1 Teelöffel Chiasamen
- 1 Teelöffel Currypaste

ANWEISUNGEN:
a) Geben Sie in Ihren Instanttopf eine Tasse Wasser und den Dampfgarer.
b) Verschließen Sie den Deckel und legen Sie die Süßkartoffel auf den Rost. Achten Sie dabei darauf, dass sich das Ablassventil in der richtigen Position befindet.
c) Heizen Sie den Instant Pot 15 Minuten lang manuell auf hohen Druck vor. Es wird einige Minuten dauern, bis sich der Druck aufbaut.
d) Nachdem der Timer abgelaufen ist, lassen Sie den Druck 10 Minuten lang auf natürliche Weise abfallen. Um den verbleibenden Druck abzulassen, drehen Sie das Ablassventil.
e) Sobald das Schwimmerventil heruntergefallen ist, entnehmen Sie die Süßkartoffel, indem Sie den Deckel öffnen.
f) Wenn die Süßkartoffel so weit abgekühlt ist, dass man sie handhaben kann, halbieren Sie sie und zerdrücken Sie das Fruchtfleisch mit einer Gabel.
g) Mit Pekannüssen, Blaubeeren und Chiasamen belegen und dann mit Ahornsirup und Mandelbutter beträufeln.

17. Gefüllte Süßkartoffel auf Rucola

Macht: 1

ZUTATEN:
- ½ Süßkartoffel, gebacken
- 2 Eier
- ½ Tasse Mikro-Rucola, gehackt
- Salz und Pfeffer
- Spritzer Olivenöl

ANWEISUNGEN:

a) Das Gemüse leicht mit Olivenöl beträufeln und mit einer Prise Salz würzen.

b) Eine Pfanne oder Grillplatte bei mittlerer bis hoher Hitze vorheizen.

c) Wenn die Pfanne erhitzt ist, fügen Sie das Olivenöl hinzu und kochen Sie es etwa 30 Sekunden lang, bevor Sie die Süßkartoffel hinzufügen.

d) Kochen, bis die Ränder anfangen zu bräunen, dann wenden.

e) Nehmen Sie die Süßkartoffelscheiben aus der Pfanne und legen Sie sie direkt auf das vorbereitete Gemüse.

f) Schlagen Sie dann in Ihrer Pfanne die beiden Eier auf.

g) Während die Eier kochen, würzen Sie sie mit Salz und Pfeffer.

h) Für etwas mehr Geschmack können Sie einige Kräuter wie Oregano oder Thymian oder zerkleinerten roten Pfeffer darüber streuen.

i) Legen Sie die Eier auf die Süßkartoffelscheiben.

j) Mit dem beiseite gelegten Grünzeug garnieren.

18. Chiles Anchos Rellenos

4 Portionen

Zutaten
Für die Chilis
- 1 Esslöffel Öl
- 2 Tassen dünn geschnittene weiße Zwiebel
- 3 Knoblauchzehen, geschält und zerdrückt
- 2 Esslöffel Tamarindenpaste in 2 Tassen heißem Wasser auflösen
- 1 Tasse Melao (Zuckerrohrsirup) oder brauner Zucker
- 1/2 Teelöffel getrocknetes Oreganoblatt
- 1/2 Teelöffel getrockneter Thymian
- 1/2 Teelöffel Salz
- 8 mittelgroße bis große Ancho-Chilis, eine Seite aufgeschnitten, Kerne entfernt

Für die Füllung
- 4 Tassen geröstete Knoblauch-Süßkartoffeln
- Geröstete Karotten
- 2 Unzen Ziegenkäse, gerieben
- Prise Salz
- 2 Teelöffel natives Olivenöl extra

Richtungen

a) Bereiten Sie die Chilis vor. Erhitzen Sie das Öl bei niedriger bis mittlerer Hitze in einem mittelgroßen Topf. Die Zwiebel dazugeben und anbraten, bis sie leicht gebräunt ist. Den Knoblauch hinzufügen und eine weitere Minute kochen.

b) Das mit Tamarinde aromatisierte Wasser, Melao, Oregano, Thymian und Salz einrühren.

c) Die Chilis dazugeben, abdecken und 10 Minuten leicht köcheln lassen. Nehmen Sie die Pfanne vom Herd, decken Sie sie ab und lassen Sie sie mindestens 10 Minuten lang abkühlen.

d) Machen Sie die Füllung. Während die Chilis abkühlen, kombinieren Sie die Süßkartoffeln und/oder Karotten mit Queso Fresco oder Panela. Salz und Öl verrühren und mit dem Gemüse vermischen.

e) Die Chilis füllen und servieren. Mit einem großen Schaumlöffel die Chilis in ein Sieb geben und 5 Minuten abtropfen lassen.

f) Löffeln Sie vorsichtig etwa 1/4 Tasse der Füllung in jedes Chili und geben Sie 2 davon auf jeden der vier Teller. Über jede Portion ein wenig Zwiebeln geben und mit dem Käse belegen. Bei Zimmertemperatur servieren.

19. Süßkartoffel- und Karotten-Tinga-Tacos

Gesamtzeit: 30 Minuten

Zutaten
- 1/4 Tasse Wasser
- 1 Tasse dünn geschnittene weiße Zwiebel
- 3 Knoblauchzehen, gehackt
- 2 1/2 Tassen geriebene Süßkartoffel
- 1 Tasse geriebene Karotte
- 1 Dose (14 oz.) gewürfelte Tomaten
- 1 Teelöffel. Mexikanischer Oregano (optional)
- 2 Chipotle-Paprika in Adobo
- 1/2 Tasse Gemüsebrühe
- 1 Avocado, in Scheiben geschnitten
- 8 Tortillas

Richtungen
a) In einer großen Bratpfanne bei mittlerer Hitze Wasser und Zwiebeln hinzufügen und 3–4 Minuten kochen, bis die Zwiebeln glasig und weich sind. Fügen Sie den Knoblauch hinzu und kochen Sie unter Rühren 1 Minute lang weiter.
b) Süßkartoffel und Karotte in die Pfanne geben und unter häufigem Rühren 5 Minuten kochen lassen.
c) Soße:
d) Gewürfelte Tomaten, Gemüsebrühe, Oregano und Chipotle-Paprika in den Mixer geben und glatt rühren.
e) Chipotle-Tomatensauce in die Pfanne geben und unter gelegentlichem Rühren 10–12 Minuten kochen lassen, bis die Süßkartoffeln und die Karotte gar sind. Bei Bedarf noch mehr Gemüsebrühe in die Pfanne geben.
f) Auf warmen Tortillas servieren und mit Avocadoscheiben belegen.

20. Pizza mit gerösteten Wurzeln

Zutat

- Allzweckmehl zum Bestäuben der Pizzaschale oder Olivenöl zum Einfetten des Pizzablechs
- 1 hausgemachter Teig
- 1/2 große Knoblauchzehe
- 1/2 kleine Süßkartoffeln, geschält, der Länge nach halbiert und in dünne Scheiben geschnitten
- 1/2 kleine Fenchelknolle, halbiert, geputzt und in dünne Scheiben geschnitten
- 1/2 kleine Pastinaken, geschält, der Länge nach halbiert und in dünne Scheiben geschnitten
- 1 Esslöffel Olivenöl
- 1/2 Teelöffel Salz
- 4 Unzen (1/4 Pfund) Mozzarella, gerieben
- 1 Unze Parmigiana, fein gerieben
- 1 Esslöffel sirupartiger Balsamico-Essig

RICHTUNGEN

a) Wickeln Sie die ungeschälten Knoblauchzehen in eine kleine Alufolie und backen oder grillen Sie sie 40 Minuten lang direkt über der Hitze.

b) In der Zwischenzeit Süßkartoffel, Fenchel und Pastinake mit Olivenöl und Salz in einer großen Schüssel vermengen.

c) Den Inhalt der Schüssel auf ein großes Backblech gießen.

d) In den Ofen oder über den unbeheizten Bereich des Grills stellen und unter gelegentlichem Wenden 15 bis 20 Minuten lang rösten, bis es weich und süß ist.

e) Übertragen Sie den Knoblauch auf ein Schneidebrett, öffnen Sie die Packung und achten Sie darauf, dass kein Dampf entsteht.

f) Erhöhen Sie die Temperatur des Ofens oder Gasgrills auf 450 °F.

g) Verteilen Sie den geriebenen Mozzarella auf dem vorbereiteten Boden und lassen Sie am Rand einen Rand von 1/2 Zoll frei. Den

Käse mit dem gesamten Gemüse belegen, den breiigen, weichen Knoblauch aus seinen papierartigen Schalen drücken und auf den Kuchen geben. Mit geriebenem Parmigiana belegen.

h)

i) Schieben Sie die Pizza von der Schale auf den heißen Stein oder legen Sie die Pizza auf ihr Blech oder Backblech entweder in den Ofen oder über den unbeheizten Teil des Grills. Bei geschlossenem Deckel backen oder grillen, bis die Kruste goldbraun geworden ist und sogar am Boden etwas dunkler geworden ist, bis der Käse geschmolzen ist und zu bräunen beginnt, 16 bis 16 Minuten. Frischer Teig kann in den ersten 10 Minuten Luftblasen bilden; Vor allem an den Rändern mit einer Gabel aufstechen, um eine gleichmäßige Kruste zu gewährleisten.

j) Schieben Sie die Schale zurück unter die Kruste, um sie vom heißen Stein zu lösen, oder legen Sie die Pizza auf dem Blech oder Backblech auf einen Rost. 5 Minuten beiseite stellen. Damit die Kruste knusprig bleibt, können Sie den Kuchen von der Schale, dem Blech oder dem Mehlblatt direkt auf den Rost legen, um ihn nach etwa einer Minute abzukühlen.

k) Sobald der Kuchen etwas abgekühlt ist, beträufeln Sie ihn mit Balsamico-Essig und schneiden ihn dann zum Servieren in Stücke.

21. Süßkartoffellatkes

Ergibt: 4 Portionen

ZUTATEN:

- 1¾ Pfund Süßkartoffeln mit Orangenfleisch; geschält
- 1 Zwiebel
- 5 Eiweiß
- ½ Teelöffel Salz
- ¼ Teelöffel gemahlener weißer Pfeffer
- ⅓ Tasse Mehl
- Öl
- 1⅓ Tasse Apfelmus; Optional

ANWEISUNGEN:

a) Reiben Sie Süßkartoffeln und Zwiebeln in einer Küchenmaschine mit einer Reibescheibe oder durch die großen Löcher einer Handreibe. In eine große Schüssel umfüllen. Eiweiß mit Salz und Pfeffer leicht verquirlen und zur Kartoffelmischung geben. Gut mischen. Mehl hinzufügen und gut vermischen.

b) Erhitzen Sie 2 Esslöffel Öl bei mittlerer Hitze in einer dicken beschichteten 10 bis 12-Zoll-Pfanne. Füllen Sie ¼ Tasse mit der Mischung, drücken Sie sie fest und formen Sie sie zu einem Hügel in der Pfanne. Wiederholen Sie dies schnell für drei weitere Latkes. Drücken Sie jeden Teig mit der Rückseite des Löffels flach, sodass ein 6 bis 7 cm großer Kuchen entsteht, und drücken Sie ihn fest. 1 bis ½ Minuten pro Seite kochen.

c) Mit einem Schlitzspatel auf ein antihaftbeschichtetes Backblech legen. Fahren Sie mit dem restlichen Teig fort, geben Sie bei jeder Charge etwas mehr Öl in die Pfanne und rühren Sie den Teig um.

d) Bei 450 Grad F goldbraun backen, etwa 10 Minuten. Umdrehen und weitere 5 Minuten backen. Nach Belieben heiß mit Apfelmus servieren.

22. Daigaku imo

Für 2–4 Personen

- 1 Süßkartoffel
- 3 Esslöffel Pflanzenöl
- 5 Esslöffel Puderzucker
- ¼ Teelöffel Sojasauce

abgeriebene Schale einer Limette, dazu der Saft einer halben Limette, 1 Teelöffel schwarzer Sesam

ANWEISUNGEN:

a) Waschen Sie die Süßkartoffel gründlich (nicht schälen) und schneiden Sie sie in unregelmäßige Spalten mit einer Dicke von maximal 3 cm. Die Keile 20–30 Minuten in kaltem Wasser einweichen, um die überschüssige Stärke zu entfernen, dann mit Küchenpapier oder einem sauberen Geschirrtuch vollständig trocknen.

b) Öl, Zucker, Sojasauce, Limettenschale und -saft bei schwacher Hitze in eine tiefe Pfanne geben und umrühren. Geben Sie die Kartoffeln in die Pfanne, vermengen Sie sie mit der Zuckermischung und erhöhen Sie die Hitze auf mittlere Stufe. Einen Deckel auf die Pfanne legen und erhitzen, bis es brutzelt.

c) Reduzieren Sie die Hitze auf mittlere bis niedrige Stufe und kochen Sie sie weitere 2–3 Minuten lang. Nehmen Sie dann den Deckel ab und kochen Sie sie etwa weitere 10 Minuten lang. Dabei wenden Sie die Kartoffeln häufig, um sicherzustellen, dass sie von allen Seiten leicht braun werden. Die Kartoffeln sind fertig, wenn Sie sie leicht mit einem Stäbchen oder Buttermesser einstechen können.

d) Wenn die Kartoffeln weich und schön gebräunt sind, schalten Sie den Herd aus und rühren Sie die Sesamkörner unter.

e) Etwas abkühlen lassen und dann pur oder mit Vanilleeis genießen.

23. Quinoa-Muffin-Häppchen

ZUTATEN:
- 1 ½ Tassen zubereitetes Quinoa.
- 2 Eier, verquirlt.
- ½ Tasse Süßkartoffelpüree.
- ½ Tasse schwarze Bohnen.
- 1 Esslöffel gehackter Koriander.
- 1 Teelöffel Kreuzkümmel.
- 1 Teelöffel Paprika.
- ½ Teelöffel Knoblauchpulver.
- ½ Teelöffel Salz.
- ⅛ Teelöffel schwarzer Pfeffer.
- Kochspray.

ANWEISUNGEN:

a) Heizen Sie den Ofen auf 350° F vor. Geben Sie alle Zutaten in eine große Schüssel und vermischen Sie, bis alles vermengt ist.

b) Geben Sie die Mischung mit einem Esslöffel in die Muffinformen und klopfen Sie jeweils den oberen Rand ab. Etwa 15 bis 20 Minuten backen, bis alles durchgekocht und zusammengehalten ist.

24. Kurkuma-Süßkartoffel-Pastetchen

Ergibt: 10 Pastetchen

ZUTATEN:
- ½ Tasse Gramm Mehl
- 1 Süßkartoffel, geschält und gewürfelt
- ½ gelbe oder rote Zwiebel, geschält und fein gewürfelt
- 1 Esslöffel Zitronensaft
- Gehackte frische Petersilie oder Koriander zum Garnieren
- 1 Teelöffel Kurkumapulver
- 1 Teelöffel gemahlener Koriander
- 1 Teelöffel Garam Masala
- 3 Esslöffel Öl, geteilt
- 1 Stück Ingwerwurzel, geschält und gerieben oder gehackt
- 1 Teelöffel Kreuzkümmelsamen
- 1 Teelöffel rotes Chilipulver oder Cayennepfeffer
- 1 Tasse Erbsen, frisch oder gefroren
- 1 grüne Thai-, Serrano- oder Cayennepfeffer-Chili, gehackt
- 1 Teelöffel grobes Meersalz

ANWEISUNGEN:
a) Dämpfen Sie die Kartoffeln 7 Minuten lang oder bis sie weich sind.
b) Mit einem Kartoffelstampfer vorsichtig zerkleinern.
c) 2 Esslöffel Öl in einer flachen Bratpfanne bei mittlerer Hitze erhitzen.
d) Den Kreuzkümmel hinzufügen und 30 Sekunden kochen lassen, oder bis es brutzelt.
e) Zwiebel, Ingwerwurzel, Kurkuma, Koriander, Garam Masala und rotes Chilipulver hinzufügen.
f) Weitere 3 Minuten kochen, oder bis es weich ist.
g) Lassen Sie die Mischung abkühlen.

h) Sobald die Mischung abgekühlt ist, geben Sie sie zusammen mit den Erbsen, grünen Chilis, Salz, Kichererbsenmehl und Zitronensaft zu den Kartoffeln.
i) Mit den Händen gründlich vermischen.
j) Aus der Masse Patties formen und auf ein Backblech legen.
k) Den restlichen 1 Esslöffel Öl in einer schweren Pfanne bei mittlerer Hitze erhitzen.
l) Braten Sie die Pastetchen portionsweise jeweils 3 Minuten pro Seite.
m) Mit frischer Petersilie oder Koriander garniert servieren.

25. Süßkartoffel-Nachos

Macht: 6

ZUTATEN:
- 1 Esslöffel Olivenöl
- ⅓ Tasse gehackte Tomate
- ⅓ Tasse gehackte Avocado
- 1 Teelöffel Chilipulver
- 1 Teelöffel Knoblauchpulver
- 3 Süßkartoffeln
- 1½ Teelöffel Paprika
- ⅓ Tasse fettarmer geriebener Cheddar-Käse

ANWEISUNGEN:
a) Den Ofen auf 425 Grad Fahrenheit vorheizen. Bestreichen Sie die Backformen mit Antihaft-Kochspray und decken Sie sie mit Folie ab.
b) Schälen Sie die Süßkartoffeln und schneiden Sie sie in 35 cm große Scheiben.
c) Die Runden mit Olivenöl, Chilipulver, Knoblauchpulver und Paprika vermengen.
d) Gleichmäßig auf der vorgeheizten Pfanne verteilen und 25 Minuten backen, dabei nach der Hälfte der Garzeit wenden, bis es knusprig ist.
e) Nehmen Sie die Pfanne aus dem Ofen und belegen Sie die Süßkartoffeln mit Bohnen und Käse.
f) Weitere 2 Minuten backen, bis der Käse geschmolzen ist.
g) Tomate und Avocado dazugeben. Aufschlag.

26. Süßkartoffel-Marshmallow-Häppchen

Macht: 6-8

ZUTATEN:
- 4 Süßkartoffeln, geschält und in Scheiben geschnitten
- 2 Esslöffel geschmolzene pflanzliche Butter
- 1 Teelöffel Ahornsirup
- Koscheres Salz
- 10-Unzen-Beutel Marshmallows
- ½ Tasse Pekannusshälften

ANWEISUNGEN:

a) Heizen Sie den Ofen auf 400 Grad Fahrenheit vor.

b) Süßkartoffeln mit geschmolzener pflanzlicher Butter und Ahornsirup auf einem Backblech verteilen und gleichmäßig verteilen. Mit Salz und Pfeffer würzen.

c) Etwa 20 Minuten backen, bis es weich ist, nach der Hälfte der Zeit wenden. Entfernen.

d) Belegen Sie jede Süßkartoffelrunde mit einem Marshmallow und grillen Sie sie 5 Minuten lang.

e) Sofort mit einer Pekannusshälfte auf jedem Marshmallow servieren.

27. Ceviche Peruano

Zutaten
- 2 mittelgroße Kartoffeln
- Je 2 Süßkartoffeln
- 1 rote Zwiebel, in dünne Streifen schneiden
- 1 Tasse frischer Limettensaft
- 1/2 Stangensellerie, in Scheiben geschnitten
- 1/4 Tasse leicht gepackte Korianderblätter
- 1 Prise gemahlener Kreuzkümmel
- 1 Knoblauchzehe, gehackt
- 1 Habanero-Pfeffer
- 1 Prise Salz und frisch gemahlener Pfeffer
- 1 Pfund frischer Tilapia, in 1/2 Zoll große Stücke geschnitten
- 1 Pfund mittelgroße Garnelen – geschält,

Richtungen

a) Die Kartoffeln und Süßkartoffeln in einen Topf geben und mit Wasser bedecken. Legen Sie die geschnittene Zwiebel in eine Schüssel mit warmem Wasser.

b) Sellerie, Koriander und Kreuzkümmel vermischen und Knoblauch und Habanero-Pfeffer unterrühren. Mit Salz und Pfeffer würzen, dann den gewürfelten Tilapia und die Garnelen unterrühren

c) Zum Servieren die Kartoffeln schälen und in Scheiben schneiden. Die Zwiebeln unter die Fischmischung rühren. Servierschüsseln mit Salatblättern auslegen. Das aus Saft bestehende Ceviche in die Schüsseln geben und mit Kartoffelscheiben garnieren.

28. Ingwer-Süßkartoffel-Krapfen

Ergibt: 1 Portion

ZUTATEN:
- 1/2 Pfund Süßkartoffel
- 1½ Teelöffel gehackte, geschälte frische Ingwerwurzel
- 2 Teelöffel frischer Zitronensaft
- ¼ Teelöffel getrocknete scharfe rote Paprikaflocken
- ¼ Teelöffel Salz
- 1 großes Ei
- 5 Esslöffel Allzweckmehl
- Pflanzenöl zum Frittieren

ANWEISUNGEN:

a) Die Süßkartoffel schälen und grob reiben. In einer Küchenmaschine die geriebene Süßkartoffel mit der Ingwerwurzel, dem Zitronensaft, den Paprikaflocken und dem Salz fein hacken, das Ei und das Mehl hinzufügen und die Mischung gut vermischen.

b) In einem großen Topf 3,5 Zentimeter Öl bei mäßig hoher Hitze auf 180 °C erhitzen. Geben Sie auf einem Frittierthermometer jeweils einen Esslöffel der Süßkartoffelmischung in das Öl und braten Sie die Krapfen unter Wenden 2 Minuten lang oder bis sie goldbraun sind.

c) Übertragen Sie die Krapfen zum Abtropfen auf Papiertücher.

Burger, Wraps und Sandwiches

29. [Quinoa-Süßkartoffel-Burger](#)

Macht: 6

Zutaten
- 3 mittelgroße Süßkartoffeln, gebacken
- 2 Eier
- 1 Tasse Kichererbsenmehl
- 1 Teelöffel Chilipulver
- 1 Esslöffel Vollkorn-Dijon-Senf
- 1 Esslöffel Walnussbutter oder andere Nussbutter
- Saft einer halben Zitrone
- 1 Prise Meersalz
- 200 g Quinoa
- Erdnussöl, zum Braten
- Meerrettich-Sauerrahm
- 3 Esslöffel fein geriebener Meerrettich
- 1¼ Tassen saure Sahne
- Meersalz

Dienen
- 6 Burgerbrötchen, halbiert
- Butter für die Brötchen
- fein geschnittene rote asiatische Schalotten
- fein gehackter Schnittlauch

Richtungen

a) Teilen Sie die Kartoffeln der Länge nach auf und kratzen Sie das Innere mit einem Löffel heraus.

b) Die Eier in einer Küchenmaschine pürieren und die Süßkartoffeln, Kichererbsenmehl, Chilipulver, Senf, Nussbutter, Zitronensaft und Salz untermischen. Quinoa hinzufügen.

c) Aus jeweils einer Handvoll der Mischung runde Pastetchen formen.

d) In einer Rührschüssel Salz, Meerrettich und Sauerrahm vermischen.

e) Bei mittlerer Hitze die Patties auf beiden Seiten einige Minuten grillen.

f) Die Schnittflächen der Brötchen bestreichen und kurz grillen.

g) Legen Sie einen Burger auf die Unterseite jedes Brötchens und bedecken Sie ihn mit Meerrettich-Sauerrahm, Schalotten und Schnittlauch.

30. Linsen-Reis-Burger

Ergibt: 8 Portionen

Zutaten
- ¾ Tasse Linsen
- 1 Süßkartoffel
- 10 frische Spinatblätter, zerkleinert
- 1 Tasse frische Champignons, gewürfelt
- ¾ Tasse Semmelbrösel
- 1 Teelöffel Estragon
- 1 Teelöffel Knoblauchpulver
- 1 Teelöffel Petersilienflocken
- ¾ Tasse Langkornreis

Richtungen
a) Reis kochen, bis er weich und leicht klebrig ist, dann Linsen hinzufügen.
b) Eine gekochte, geschälte Süßkartoffel zerkleinern.
c) Die Reismischung, die Süßkartoffel und alle anderen Zutaten in einer Rührschüssel vermischen.
a) 15 bis 30 Minuten kühl stellen. Zu Pastetchen formen und auf einem Außengrill mit Gemüsegrill garen.
b) Achten Sie darauf, die Pfanne einzuölen oder mit Pam einzusprühen, damit die Burger nicht kleben bleiben.

31. Würzige Taquitos aus Süßkartoffeln und schwarzen Bohnen

Macht: 3

ZUTATEN:
- 1 mittelgroße geröstete Süßkartoffel
- 1/4 Tasse schwarze Bohnen, gekocht
- 3 4-Zoll-Maistortillas
- 1 Esslöffel pflanzliche Butter
- 1/4 Teelöffel Zwiebelpulver
- 1/4 Teelöffel Knoblauchpulver
- 1/2 Teelöffel Chilipulver
- 1 Teelöffel Chiliflocken
- 1 Esslöffel Nährhefe
- 1/4 Teelöffel Paprika
- 1/2 Teelöffel Kreuzkümmel
- 1 Teelöffel koscheres Salz

ANWEISUNGEN:
a) Schalten Sie Ihre Heißluftfritteuse für 4 Minuten bei 400 °F ein.
b) Die Süßkartoffel mit einer Gabel in eine Schüssel geben und mit pflanzlicher Butter zerstampfen.
c) Nährhefe und alle Gewürze verrühren, bis eine glatte Konsistenz entsteht.
d) Wickeln Sie die Tortillas 30 Sekunden lang in ein feuchtes Papiertuch und stellen Sie sie in die Mikrowelle, damit sie beim Einwickeln weniger leicht reißen.
e) Geben Sie auf einem Teller etwa 1 Teelöffel Gemüsebrühe hinzu. Legen Sie eine Tortilla auf den Teller und reiben Sie sie ein, sodass eine Seite mit Brühe bedeckt ist.
f) Auf die trockene Seite der Tortilla ⅓ der Mischung am Rand und 1½ Esslöffel Bohnen geben. Drücken Sie die Bohnen in die Kartoffeln, damit sie nicht herausfallen.

g) Rollen Sie es zu einem Taquito, indem Sie den gefüllten Rand aufheben und umdrehen. Achten Sie darauf, die Tortilla fest und vorsichtig zu rollen, damit sie nicht reißt.

h) Legen Sie die Naht nach unten in den Korb der Heißluftfritteuse.

i) Wiederholen Sie das Füllen aller restlichen Portionen Tortillas, bis alle Taquitos fertig sind.

j) 10 Minuten in der Fritteuse garen, bis die Schalen ganz knusprig sind.

k) Mit Guacamole, Salsa oder pflanzlicher Crema garnieren.

HAUPTKURS

32. Würzige Hähnchenviertel mit Süßkartoffeln

Macht: 4

ZUTATEN:
- ½ Teelöffel schwarzer Pfeffer
- 2 Esslöffel Olivenöl
- 2 Süßkartoffeln, geschält und gewürfelt
- 1 Esslöffel Maisstärke
- ½ Teelöffel Cayennepfeffer
- 1 Esslöffel Wasser
- 1 Teelöffel Chilipulver
- Frische Korianderblätter
- ¼ Teelöffel gemahlener Zimt
- 1 Esslöffel hellbrauner Zucker
- 1 Teelöffel koscheres Salz
- ¾ Tasse ungesalzene Hühnerbrühe
- 4 Hähnchenschenkelviertel, gehäutet

ANWEISUNGEN:
a) In einem Crockpot die Süßkartoffeln schichtweise anrichten und mit Salz und schwarzem Pfeffer würzen.
b) In einer Rührschüssel braunen Zucker, Chilipulver, Cayennepfeffer und Zimt vermischen.
c) Reiben Sie das ganze Hähnchen mit der Gewürzmischung ein.
d) Erhitzen Sie das Öl in einer beschichteten Pfanne bei mäßiger Hitze.
e) Das Hähnchen auf beiden Seiten 2 bis 3 Minuten pro Seite anbraten.
f) Nehmen Sie das Huhn aus der Pfanne und bewahren Sie den Bratensaft in der Pfanne auf.
g) Legen Sie das Hähnchen in einer Schicht mit leicht überlappenden Stücken auf die Süßkartoffeln im Crockpot.

h) Geben Sie die Brühe zu den konservierten Bratenfetten in der Pfanne und kochen Sie sie etwa 2 Minuten lang auf niedriger Stufe. Dabei schwenken und schaben Sie dabei, um die gebräunten Stücke vom Boden der Pfanne zu lösen.
i) Die Hühnerbrühe-Mischung darübergießen.
j) Bei schwacher Hitze 4 Stunden kochen lassen.
k) Behalten Sie die Kochflüssigkeit im Crockpot und geben Sie das Hähnchen und die Süßkartoffeln auf einen Servierteller.
l) Das Fett aus der Kochflüssigkeit abschöpfen und auffangen, dann in einen mittelgroßen Topf geben.
m) Bei starker Hitze zum Kochen bringen.
n) Maisstärke und Wasser vermischen; Rühren Sie die Maisstärkemischung in die kochende Kochflüssigkeit und kochen Sie sie bei niedriger Temperatur unter ständigem Rühren etwa 1 Minute lang, bis sie eingedickt ist.
o) Die Sauce zusammen mit dem Hühnchen und den Süßkartoffeln servieren und nach Wunsch garnieren.

33. Florentiner Süßkartoffeln mit Knoblauch

Ergibt: 4 Portionen

ZUTATEN:
- 4 Süßkartoffeln
- 2 10-Unzen-Packungen Spinat
- 1 Esslöffel Olivenöl
- 1 Schalotte, gehackt
- 2 Knoblauchzehen, gehackt
- 6 sonnengetrocknete Tomaten, gewürfelt
- ¼ Teelöffel Salz
- ¼ Teelöffel schwarzer Pfeffer
- ¼ Teelöffel rote Paprikaflocken
- ½ Tasse teilentrahmter Ricotta-Käse

ANWEISUNGEN:
a) Bereiten Sie den Ofen vor, indem Sie ihn auf 400 Grad Fahrenheit vorheizen.
b) Legen Sie die Süßkartoffeln auf ein vorbereitetes Backblech, nachdem Sie sie mit einer Gabel eingestochen haben.
c) 45–60 Minuten backen, bis die Kartoffeln gar sind. Lassen Sie Zeit zum Abkühlen.
d) Die Kartoffeln mit einem Messer in der Mitte aufschneiden, das Kartoffelfleisch mit einer Gabel auflockern und beiseite stellen.
e) In einer Pfanne das Öl bei mäßiger Hitze erhitzen. 3 Minuten kochen, bis die Schalotten weich sind.
f) Weitere 30 Sekunden kochen, bis der Knoblauch aromatisch ist.
g) Den abgetropften Spinat, die Tomaten, Salz, schwarzen Pfeffer und die roten Paprikaflocken vermischen. Weitere 2 Minuten kochen lassen.
h) Vom Herd nehmen und zum Abkühlen aufbewahren.
i) Den Ricotta-Käse in die Spinatmischung einarbeiten.
j) Die Spinatmischung auf den geteilten Süßkartoffeln servieren.

34. Risotto mit grünen Bohnen und Süßkartoffeln

Macht: 8

ZUTATEN:
- 1 große Süßkartoffel
- 5 Knoblauchzehen, gehackt
- 2 Tassen brauner Kurzkornreis
- 1 Teelöffel getrocknete Thymianblätter
- 7 Tassen natriumarme Gemüsebrühe
- 2 Tassen grüne Bohnen, quer halbiert
- 3 Esslöffel ungesalzene Butter
- ½ Tasse Parmesankäse

ANWEISUNGEN:

a) Mischen Sie in einem 6-Liter-Slow-Cooker die Süßkartoffel, den Knoblauch, den Reis, den Thymian und die Brühe.

b) Abdecken und bei schwacher Hitze 3 bis 4 Stunden kochen lassen.

c) Die grünen Bohnen untermischen.

d) Abdecken und bei schwacher Hitze 37 Minuten kochen lassen.

e) Butter und Käse unterrühren. Abdecken und bei niedriger Temperatur 20 Minuten kochen lassen, dann umrühren und servieren.

35. Gebackener Lachs und Süßkartoffeln

Portionen: 4 Portionen

Zutaten
- 4 Lachsfilets, ohne Haut
- 4 mittelgroße Süßkartoffeln, geschält und in 2,5 cm dicke Scheiben geschnitten
- 1 Tasse Brokkoliröschen
- 4 Esslöffel reiner Honig (oder Ahornsirup)
- 2 Esslöffel Orangenmarmelade/Konfitüre
- 1 2,5 cm großes frisches Ingwerstück, gerieben
- 1 Teelöffel Dijon-Senf
- 1 Esslöffel Sesamkörner, geröstet
- 2 Esslöffel ungesalzene Butter, geschmolzen
- 2 Teelöffel Sesamöl
- Salz und Pfeffer nach Geschmack
- Frühlingszwiebeln/Frühlingszwiebeln, frisch gehackt

ANWEISUNGEN:
a) Heizen Sie den Ofen auf 400F vor. Fetten Sie die Backform mit geschmolzener, ungesalzener Butter ein.

b) Legen Sie die geschnittenen Süßkartoffeln und Brokkoliröschen in die Pfanne. Leicht mit Salz, Pfeffer und einem Teelöffel Sesamöl würzen. Stellen Sie sicher, dass das Gemüse leicht mit Sesamöl bedeckt ist.

c) Kartoffeln und Brokkoli 10-12 Minuten backen.

d) Während das Gemüse noch im Ofen ist, bereiten Sie die süße Glasur vor. In eine Rührschüssel Honig (oder Ahornsirup), Orangenmarmelade, geriebenen Ingwer, Sesamöl und Senf geben.

e) Nehmen Sie die Backform vorsichtig aus dem Ofen und verteilen Sie das Gemüse an der Seite, um Platz für den Fisch zu schaffen.

f) Den Lachs leicht mit Salz und Pfeffer würzen.

g) Legen Sie die Lachsfilets in die Mitte der Backform und gießen Sie die süße Glasur über den Lachs und das Gemüse.

h) Die Pfanne wieder in den Ofen stellen und weitere 8–10 Minuten garen, bis der Lachs gabelweich ist.

i) Den Lachs, die Süßkartoffeln und den Brokkoli auf eine schöne Servierplatte geben. Mit Sesamkörnern und Frühlingszwiebeln garnieren.

36. Lachs-Teriyaki mit Gemüse

Portionen: 4 Portionen

Zutaten

- 4 Lachsfilets, Haut und Gräten entfernt
- 1 große Süßkartoffel (oder einfach Kartoffel), in mundgerechte Stücke geschnitten
- 1 große Karotte, in mundgerechte Stücke geschnitten
- 1 große weiße Zwiebel, in Spalten geschnitten
- 3 große Paprika (grün, rot und gelb), gehackt
- 2 Tassen Brokkoliröschen (kann durch Spargel ersetzt werden)
- 2 Esslöffel natives Olivenöl extra
- Salz und Pfeffer nach Geschmack
- Frühlingszwiebeln, fein gehackt
- Teriyaki Soße
- 1 Tasse Wasser
- 3 Esslöffel Sojasauce
- 1 Esslöffel Knoblauch, gehackt
- 3 Esslöffel brauner Zucker
- 2 Esslöffel reiner Honig
- 2 Esslöffel Maisstärke (aufgelöst in 3 Esslöffel Wasser)
- ½ Esslöffel geröstete Sesamkörner

ANWEISUNGEN:

a) In einer kleinen Pfanne Sojasauce, Ingwer, Knoblauch, Zucker, Honig und Wasser bei schwacher Hitze verrühren. Ständig rühren, bis die Mischung langsam köchelt. Das Speisestärkewasser einrühren und warten, bis die Mischung eindickt. Die Sesamkörner hinzufügen und beiseite stellen.

b) Eine große Auflaufform mit ungesalzener Butter oder Kochspray einfetten. Heizen Sie den Ofen auf 400F vor.

c) Geben Sie das gesamte Gemüse in eine große Schüssel und beträufeln Sie es mit Olivenöl. Gut vermischen, bis das Gemüse gut mit Öl bedeckt ist. Mit frisch gemahlenem Pfeffer und etwas Salz würzen. Übertragen Sie das Gemüse in die Auflaufform. Das Gemüse seitlich verteilen und in der Mitte der Auflaufform etwas Platz lassen.

d) Legen Sie den Lachs in die Mitte der Auflaufform. 2/3 der Teriyaki-Sauce zum Gemüse und zum Lachs geben.

e) Den Lachs 15–20 Minuten backen.

f) Übertragen Sie den gebackenen Lachs und das geröstete Gemüse auf eine schöne Servierplatte. Die restliche Teriyaki-Sauce dazugeben und mit gehackten Frühlingszwiebeln garnieren.

37. Lachs mit Süßkartoffeln und Bohnen

Dieses Gericht ist schnell, sehr gut und einfach, besonders für den Abend.

Zutaten:
- Für zwei Personen
- 2 Lachsfrikadellen
- 1 große Süßkartoffel (sehr groß)
- 200 g grüne Bohnen
- ZitronensaftDill (das sind romantische Kräuter, es passt gut zu Lachs, aber wenn es Ihnen egal ist, 2 Esslöffel Olivenöl zum Kochen von Lachs)
- Butter (1 Esslöffel)
- 5 cl Öl (beliebig) zum Kochen von Süßkartoffeln
- Salz, Papier

Vorbereitung:
a) Entfernen Sie zunächst die Enden der Bohnen und schneiden Sie sie in etwa 3 cm lange Stücke. Anschließend 10 Minuten mit Dampf garen. Geben Sie dann Olivenöl in eine Pfanne, dies kann jedoch optional sein. In diesem Fall habe ich es zwar gemacht, aber Kochdampf reicht aus. Reservieren Sie die Bohnen
b) Dann das Olivenöl in eine Pfanne geben. Lachssteaks hinzufügen. Und ein paar Minuten kochen lassen. Beide Seiten müssen farbig sein. Jedes Gesicht salzen. Beiseite stellen und mit Dill bestreuen.
c) Schälen Sie die Süßkartoffel. Und in dicke Scheiben schneiden. Dann jeden Puck halbieren (halbe Kreise).
d) Erhitze das Öl. Süßkartoffelstücke bei mittlerer Hitze kochen. Es muss auf jeder Seite gekocht und gefärbt sein. Herausnehmen und salzen.
e) Genießen Sie den Lachs mit den darin schmelzenden frittierten Süßkartoffeln und den Bohnen in Butter.
f) Sie können den Lachs mit einem Spritzer Zitronensaft beträufeln.

38. Matcha gedämpfter Kabeljau

Ergibt: 4 Portionen

ZUTATEN
- 2 Tassen geschälte Julienned-Süßkartoffeln
- 1 Pfund Kabeljau, in 4 Stücke geschnitten
- 2 Teelöffel Matcha-Pulver
- 4 Esslöffel ungesalzene Butter
- 8 Zweige frischer Thymian
- 4 Scheiben frische Zitrone
- 1 Teelöffel koscheres Salz

ANWEISUNGEN:

a) Heizen Sie den Ofen auf 425 Grad F vor. Nehmen Sie 4 Blatt Pergamentpapier, jedes etwa 12 x 16 Zoll groß, in zwei Hälften und falten Sie es dann auseinander, um eine Falte zu bilden.

b) Legen Sie einen Stapel Süßkartoffelstreifen auf eine Seite jedes Pergamentstücks und belegen Sie jedes Stück mit einem Stück Kabeljau.

c) Bestreuen Sie jedes Fischstück mit 1 Teelöffel Matcha und belegen Sie es dann mit 1 Esslöffel Butter, 2 Zweigen Thymian und einer Zitronenscheibe. mit Salz.

d) Falten Sie Pergamentpapier um, um die Füllung zu umschließen, und falten Sie die Kanten zusammen, um sie zu verschließen und eine halbmondförmige Packung zu formen.

e) Auf ein Backblech legen und 20 Minuten backen. Nehmen Sie die Päckchen aus dem Ofen und lassen Sie sie 5 bis 10 Minuten ruhen, bevor Sie sie öffnen.

39. Süßkartoffel-Marshmallow-Auflauf

Ergibt: 10 Portionen

ZUTATEN:
- 4 ½ Pfund Süßkartoffeln
- 1 Tasse Kristallzucker
- ½ Tasse vegane Butter, weich
- ¼ Tasse Pflanzenmilch
- 1 Teelöffel Vanilleextrakt
- ¼ Teelöffel Salz
- 1 ¼ Tassen Cornflakes-Müsli, zerkleinert
- ¼ Tasse gehackte Pekannüsse
- 1 Esslöffel brauner Zucker
- 1 Esslöffel vegane Butter, geschmolzen
- 1½ Tassen Miniatur-Marshmallows

ANWEISUNGEN:
a) Heizen Sie den Ofen auf 425 Grad Fahrenheit vor.
b) Süßkartoffeln 1 Stunde lang rösten oder bis sie weich sind.
c) Die Süßkartoffeln halbieren und das Innere in eine Rührschüssel geben.
d) Mit einem Elektromixer das Süßkartoffelpüree, den Kristallzucker und die folgenden 5 Zutaten glatt rühren.
e) Geben Sie die Kartoffelmischung in eine gefettete 27 x 18 cm große Auflaufform.
f) In einer Rührschüssel Cornflakes-Müsli und die nächsten drei Zutaten vermischen.
g) In diagonalen Reihen im Abstand von 5 cm über die Form streuen.
h) 30 Minuten backen.
i) Streuen Sie Marshmallows zwischen die Cornflakes-Reihen. 10 Minuten backen.

40. Kalt gebratene Ente mit Gemüse

Ergibt: 4 Portionen

ZUTATEN:
- 1 Tasse Süßkartoffeln
- 1 Tasse Karotten
- 1 Tasse Gurke
- 1 Tasse chinesische weiße Rübe
- 1 grüner Pfeffer
- 1 Tasse Chinakohl (bis zu)
- 1 Tasse Zucker
- 1 Tasse Essig
- 1 Esslöffel Ketchup
- 1 Esslöffel Öl
- ½ Teelöffel Salz
- ½ Teelöffel scharfe Soße
- 3 Tropfen Sesamöl; mehr oder weniger
- 1 Prise Zimt
- 1 Prise Pfeffer
- 1 Kopfsalat (bis zu)
- 2 Pfund gebratene Ente

ANWEISUNGEN:

a) Süßkartoffeln, Karotten, Gurken und chinesische weiße Rübe schälen und zerkleinern. Grünen Pfeffer und Chinakohl zerkleinern.

b) Zucker, Essig, Ketchup, Öl, Salz, scharfe Soße, Sesamöl, Zimt und Pfeffer vermischen. Zum zerkleinerten Gemüse geben und gut vermengen. Abgedeckt 24 Stunden im Kühlschrank lagern.

c) Das Gemüse erneut umrühren und abgedeckt weitere 24 Stunden im Kühlschrank lagern. Abgießen, Marinade auffangen.

d) Den Salat zerkleinern und auf einer Servierplatte anrichten. Mit abgetropftem Gemüse belegen.

e) Gebratene Ente mit Knochen und in Stücke schneiden. Über dem Gemüse anrichten und servieren.

41. **Büffel-Tempeh-Ernteschalen**

Macht: 2

ZUTATEN:
- 8 Unzen Tempeh
- 1 Unze Ahornsirup
- 1,5 Unzen scharfe Soße
- 1 Teelöffel Dijon-Senf
- 3 Knoblauchzehen
- 4 Unzen gemischtes Grün
- 1 Süßkartoffel
- 4 Esslöffel Gemüsebrühe, geteilt
- 2 Teelöffel Gemüsebrühe
- 1 mittelgroßer Apfel
- 1/2 Unze Rotweinessig
- 1/4 Tasse sojafreie Vegenaise
- 1/3 Tasse Walnüsse
- Salz und Pfeffer

ANWEISUNGEN:
a) Heizen Sie den Ofen auf 400 °F vor.
b) In einer mittelgroßen Schüssel die scharfe Soße und 1 Esslöffel Gemüsebrühe verquirlen, um die Büffelsoße zuzubereiten.
c) Schneiden Sie das Tempeh in 0,6 cm dicke Streifen und vermengen Sie es mit der Buffalo-Sauce, um es zu bestreichen.
d) Entfernen Sie die Knoblauchzehen und schneiden Sie die Süßkartoffel der Länge nach in 4–5 Spalten.
e) Ein Backblech mit Folie oder Backpapier auslegen. Den Tempeh aus der Schüssel nehmen, vorsichtig schütteln, um überschüssige Soße zu entfernen, und auf ein mit Backpapier ausgelegtes Backblech legen.

f) Die Knoblauchzehen, die Süßkartoffelspalten und 1 Teelöffel Gemüsebrühe auf die gegenüberliegende Seite des Backblechs geben.

g) Alles auf dem Backblech mit Salz und Pfeffer bestreuen.

h) Mindestens 22 bis 24 Minuten backen oder bis der Büffel-Tempeh knusprig und die Süßkartoffeln zart sind.

i) Alle Zutaten für das geröstete Knoblauchdressing in einer Rührschüssel vermischen und vermischen.

j) Die gerösteten Knoblauchzehen in einer kleinen Schüssel zerdrücken. Den restlichen Rotweinessig, Vegenaise, Dijon-Senf und eine Prise Salz und Pfeffer unterrühren, um das Dressing mit geröstetem Knoblauch herzustellen.

k) Mischen Sie den Apfelsalat mit dem Büffel-Tempeh und dem gemischten Gemüse. Geröstete Süßkartoffelschnitze und kandierte Walnüsse darüber geben. Mit geröstetem Knoblauchdressing beträufeln.

SUPPEN UND CURRIES

42. **Crockpot-Hühnersuppe**

Macht: 8

ZUTATEN
- 2 Esslöffel gehackter Schnittlauch
- 3 Pfund gebratenes Hähnchen
- ½ Teelöffel Estragon, gehackt
- 2 Tassen gehackte Tomaten
- 1 Tasse Maiskörner
- ½ Tasse Frühlingszwiebeln, gehackt
- 1 Teelöffel Basilikum, gehackt
- ½ Tasse geschälte Erbsen
- 6 Tassen entfettete Hühnerbrühe
- ½ Tasse gewürfelte Süßkartoffeln
- ½ Tasse trockener Sherry

ANWEISUNGEN:

a) Kochen Sie die Hähnchenstücke in Sherry etwa 10 Minuten lang in einem Topf und fügen Sie dann die Tomaten, den Mais, die Frühlingszwiebeln und die Süßkartoffeln hinzu.

b) Nach dem Hinzufügen der Erbsen, Frühlingszwiebeln, Basilikum, Estragon und Chili 5 Minuten kochen lassen.

c) Hähnchenstücke, Wasser und Brühe hinzufügen und in einen Schmortopf geben.

d) 1 Stunde auf niedriger Stufe kochen.

43. Thailändische Kokos-Curry-Flunder

Macht: 6

ZUTATEN:

- 2 Esslöffel Rapsöl
- 1 Tasse ungekochter brauner Jasminreis
- 1 Tasse leichte Kokosmilch aus der Dose
- ¼ Tasse dünn geschnittenes frisches Basilikum
- 1½ Tassen Wasser
- 1 Tasse gehackte grüne Paprika
- 2 Esslöffel gehackter Knoblauch
- 2½ Esslöffel thailändische rote Currypaste
- 1½ Pfund Flunderfilets ohne Haut
- 2 Süßkartoffeln, geschält und gewürfelt
- 14½-Unzen-Dose gewürfelte Tomaten, nicht abgetropft
- ¼ Teelöffel koscheres Salz

ANWEISUNGEN:

a) Erhitzen Sie die Süßkartoffeln in einer mikrowellengeeigneten Schüssel 5 bis 6 Minuten lang in der Mikrowelle und unterbrechen Sie das Rühren nach 3 Minuten.

b) In einem 6-Liter-Crockpot den Reis mit Öl bestreuen und umrühren, um ihn gleichmäßig zu bedecken.

c) Tomaten, Wasser, Paprika, Knoblauch und Süßkartoffeln unterrühren.

d) Zugedeckt 3 Stunden auf HIGH kochen.

e) Geben Sie die Kokosmilch und die Currypaste vorsichtig in die Reismischung.

f) Zugedeckt auf HIGH 15 Minuten garen, oder bis die Flüssigkeit größtenteils aufgesogen ist.

g) Den Fisch auf die Reismischung legen und mit Salz würzen.

h) Zugedeckt 20 Minuten auf HOCH stellen oder mit einer Gabel garen, bis der Lachs leicht zerfällt.

i) Den Fisch mit der Reismischung servieren und gleichmäßig mit Basilikum bestreuen.

44. Crockpot Karotten-Ingwer-Suppe

Macht: 6

ZUTATEN
- Eine Prise koscheres Salz und gemahlenen schwarzen Pfeffer
- 3 Knoblauchzehen
- ¼ Tasse Minzblätter
- 1 Teelöffel geräuchertes Paprikapulver
- ⅓ Tasse Sahne
- 1 süße Zwiebel, gehackt
- 2 Pfund Karotten, geschält und gehackt
- ⅓ Tasse Korianderblätter
- 2 Lorbeerblätter
- 2 Esslöffel Limettensaft
- 1 Süßkartoffel, geschält und gehackt
- 6 Tassen Gemüsebrühe
- 1 Stück Ingwer, geschält und in Scheiben geschnitten
- ¼ Teelöffel geräuchertes Paprikapulver

ANWEISUNGEN:

a) Mischen Sie in einem Crockpot Karotten, Süßkartoffeln, Zwiebeln, Knoblauch, Ingwer, Paprika, Lorbeerblätter und Brühe. Mit Salz und Pfeffer würzen.

b) 1 Stunde auf niedriger Stufe kochen.

c) Limettensaft, Minze und Koriander hinzufügen.

d) Entfernen Sie die Lorbeerblätter und pürieren Sie sie anschließend mit einem Mixer.

e) Mit einem Klecks Sahne servieren.

45. Bouillonsuppe

Ergibt: 6 Portionen

ZUTATEN
- 2 Pfund Rinderhaxen, abgespült und trocken getupft
- 4 weiche blaue Krabben optional
- 2 Esslöffel Limettensaft frisch
- ½ Teelöffel gemahlener schwarzer Pfeffer
- 1 Esslöffel Salz
- 2 Esslöffel gehackte Petersilie
- 2 Frühlingszwiebeln fein gehackt
- 1 Zweig Thymian
- 3 Esslöffel Knoblauch fein gehackt
- 2 ¼ Tassen Allzweckmehl
- 1 Tasse Wasser
- 1 Teelöffel Salz
- 1 Teelöffel gemahlener schwarzer Pfeffer
- ¼ Teelöffel süßer Paprika
- 2 Esslöffel Olivenöl
- 1 weiße Zwiebel gehackt
- 1 grüne Paprika gehackt
- 2 Tomaten gehackt
- 2 Malanga oder Yautia. geschält und gewürfelt
- 1 grüne Kochbanane geschält und in Scheiben geschnitten
- 4 Tassen Spinat, gut verpackt
- 1 Chayote geschält und gewürfelt
- 2 Karotten geschält und in Scheiben geschnitten
- 2 Pastinaken geschält und in Scheiben geschnitten
- 2 Kartoffeln geschält und gewürfelt
- 2 mittelgroße weiße Süßkartoffeln, geschält und gewürfelt
- 2 Esslöffel Rinderbrühepulver
- Nach Geschmack eine Prise Knoblauchpulver hinzufügen
- Mit einer Prise Salz abschmecken

- Nach Geschmack eine Prise Pfeffer hinzufügen
- ½ scharfe Paprika oder ¼ Teelöffel scharfe Soße

ANWEISUNGEN

a) Marinieren Sie das Fleisch über Nacht in einer Schüssel mit Limettensaft, Petersilie, Salz, schwarzem Pfeffer, Knoblauch, Frühlingszwiebeln und Thymian.

b) Nehmen Sie das Fleisch heraus, kochen Sie es und fügen Sie nach und nach Wasser hinzu.

c) Mehl, Wasser, Salz, Pfeffer und süßes Paprikapulver in einer Schüssel vermischen.

d) Mit einem Löffel oder den Händen Knödel formen. Beiseite stellen.

e) Wenn Sie blaue Krabben verwenden, reinigen Sie diese, entfernen Sie die Schale und schneiden Sie sie in der Mitte in zwei Hälften.

f) Geben Sie Öl, Zwiebeln und grüne Paprika zusammen mit den blauen Krabben in einen großen Suppentopf und erhitzen Sie es bei mittlerer Hitze zwei bis drei Minuten lang.

g) Pastinake, Karotte, Tomaten, Spinat und Chayote hinzufügen. 4 bis 5 Minuten kochen lassen.

h) 8 Tassen Wasser hinzufügen, abdecken und zum Kochen bringen.

i) Lassen Sie das Gemüse 7 bis 8 Minuten köcheln.

j) Fügen Sie die anderen Zutaten hinzu, einschließlich des Fleisches und der Knödel.

k) Locker abdecken und 25 bis 30 Minuten köcheln lassen, bis alle Zutaten, einschließlich der Knödel, durchgegart sind.

l) Heiß servieren.

46. Currylinsen mit Süßkartoffeln und Kichererbsen

ZUTATEN:
- ¼ Tasse Kokosöl
- 1 große rote Zwiebel, gewürfelt
- Salz nach Geschmack
- 2 Esslöffel Currypulver
- 2 Teelöffel Kreuzkümmelpulver
- 2 Teelöffel Senfkörner
- 1 Teelöffel gemahlener Koriander
- 8 Unzen braune Linsen
- 3 mittelgroße Süßkartoffeln
- 4 Tassen Hühnerknochenbrühe (2 Kartons)
- 1 (28 oz) Dose feuergeröstete Tomatenwürfel
- 1 (28 oz) Dose Kichererbsen, abgetropft
- Zum Garnieren frisch gehackte Petersilie

ANWEISUNGEN:

a) Kokosöl bei mittlerer Hitze in einem großen Topf etwa 1 Minute lang erhitzen.

b) Zwiebel und eine Prise Salz hinzufügen. Anbraten, bis die Zwiebeln durchscheinend sind.

c) Currypulver, Kreuzkümmel, Senfkörner und Koriander hinzufügen und 1 Minute lang unter häufigem Rühren kochen.

d) Linsen, Süßkartoffeln, Brühe und Tomaten unterrühren. Zum Kochen bringen und zugedeckt 25 Minuten köcheln lassen, bis die Linsen und Süßkartoffeln weich sind.

e) Kichererbsen einrühren und ca. 2 Minuten kochen, bis sie durchgewärmt sind.

f) Anrichten und mit gehackter Petersilie garnieren. Genießen!

47. Mexikanische Rindfleisch-Süßkartoffelbrühe-Suppe

ZUTATEN:
- 1 Esslöffel raffiniertes Avocadoöl oder Olivenöl
- 1 Pfund mageres Eintopfrindfleisch
- 1 Teelöffel koscheres Salz
- 1 Tasse gehackte Zwiebel
- 1 Teelöffel gehackter Knoblauch
- 1 Tasse gehackte süße Paprika
- 2 Tassen Süßkartoffel, geschält und gehackt
- 1 Teelöffel Chilipulver
- 1 Teelöffel getrockneter Oregano
- 1 Teelöffel gemahlener Kreuzkümmel
- 14 Unzen rote Salsa
- Hühnerbrühe, 2 Tassen
- 2 Teelöffel Limettensaft
- ⅓ Tasse gehackter Koriander
- Koscheres Salz nach Geschmack
- Gemahlener schwarzer Pfeffer nach Geschmack

ANWEISUNGEN:
a) Eine große gusseiserne Pfanne bei starker Hitze erhitzen.
b) Rinderschmorbraten dazugeben und mit Salz bestreuen. Rindfleisch 5 Minuten lang rühren, bis es braun ist. Nehmen Sie das Fleisch mit einem Schaumlöffel heraus und geben Sie es auf einen Teller. Beiseite legen.
c) Geben Sie Zwiebeln, Knoblauch und Paprika bei mittlerer bis hoher Hitze in die Pfanne und rühren Sie gelegentlich um, bis Zwiebeln und Knoblauch duften und die Paprikaschoten zart sind (ca. 5 Minuten).
d) Süßkartoffel, Chilipulver, Oregano, Kreuzkümmel, Brühe und Salsa hinzufügen. Gründlich mischen. Zum Kochen bringen. Dann abdecken und 30 Minuten köcheln lassen, bis die Süßkartoffeln zart sind.

e) Limettensaft, Koriander, Salz und Pfeffer einrühren. Bei schwacher Hitze ca. 4 Minuten erhitzen lassen.

f) Füllen Sie die Brühe in vorbereitete Gläser (entweder Pints oder Quarts) und lassen Sie dabei einen Freiraum von 2,5 cm frei.

g) Mit zweiteiligen Einmachdeckeln handfest verschließen.

h) Verarbeiten Sie die Gläser 40 Minuten lang in Ihrem vorgeheizten Druckscanner.

i) Wenn die Verarbeitungszeit abgelaufen ist, schalten Sie die Heizung aus und lassen Sie den Einkocher auf natürliche Weise auf Raumtemperatur kommen.

j) Wenn die Gläser abgekühlt sind, nehmen Sie sie aus dem Einmachgerät und überprüfen Sie die Verschlüsse.

48. Süßkartoffel-Tequila-Suppe

Ergibt: 4 Portionen

ZUTATEN:
- 3 mittelgroße Süßkartoffeln
- 4 Esslöffel Tequila
- ¼ Tasse ungesalzene Butter; Raumtemperatur.
- Frisch geriebene Muskatnuss nach Geschmack
- ½ Teelöffel Salz
- Frisch gemahlener weißer Pfeffer nach Geschmack

ANWEISUNGEN:

a) Ungeschälte Süßkartoffeln schrubben, in große Stücke schneiden und in leicht gesalzenem kochendem Wasser weich kochen. Gießen Sie dann das Wasser ab, decken Sie die Pfanne ab und lassen Sie die Kartoffeln etwa 5 Minuten lang auflockern.

b) Kartoffeln schnell schälen, 2 EL Tequila, Butter und Muskatnuss hinzufügen. Mit einem Elektromixer schlagen oder in einer Küchenmaschine glatt rühren.

c) Abschmecken und nach Wunsch Salz, weißen Pfeffer und 2 weitere Esslöffel Tequila hinzufügen. Warm servieren. Ergibt 4 bis 6 Portionen.

49. Roter Bohneneintopf aus Jamaika

Ergibt: 4 Portionen

ZUTATEN
- 1 gelbe Zwiebel, gehackt
- 2 Karotten, in Scheiben schneiden
- ½ Tasse Wasser
- 13,5-Unzen-Dose Kokosmilch
- 2 Knoblauchzehen, gehackt
- ¼ Teelöffel schwarzer Pfeffer
- 1 Süßkartoffel, geschält und gewürfelt
- 3 Tassen gekochte dunkelrote Kidneybohnen, abgetropft und abgespült
- 1 Esslöffel Olivenöl
- 1 Teelöffel scharfes oder mildes Currypulver
- 1 Teelöffel getrockneter Thymian
- ¼ Teelöffel gemahlener Piment
- ½ Teelöffel natriumarmes Salz
- 14,5-Unzen-Dose gewürfelte Tomaten, abgetropft

ANWEISUNGEN

a) Das Öl in einem Topf erhitzen und die Zwiebeln und Karotten etwa 4 Minuten lang anbraten.

b) Fügen Sie Knoblauch, Süßkartoffel und roten Pfeffer hinzu, gefolgt von Kidneybohnen, Tomaten, Currypulver, Thymian, Piment, Salz und schwarzem Pfeffer.

c) Das Wasser einrühren und zugedeckt 30 Minuten köcheln lassen.

d) Ganz zum Schluss die Kokosmilch unterrühren.

50. Hühnersuppe

Zubereitungszeit: 25 Minuten
Kochzeit: 1 Stunde 15 Minuten
Ergibt: 6 Portionen

ZUTATEN
- 1½–2 Pfund Hähnchen, in Stücke geschnitten
- 10 Tassen Wasser 2 ½ Liter
- Für 1 Pfund Kürbis kann 1 gehackter Butternusskürbis verwendet werden
- 2 Kartoffeln Irische oder Süßkartoffeln, gehackt
- 1 Chocho gehackt
- 2 Karotten gehackt
- 2 Frühlingszwiebeln gehackt
- 6 Zweige Thymian
- Schottische Motorhaube
- 8 Pimentbeeren

FÜR DIE KNÖDEL UND SPINNER
- 2 Tassen glutenfreies Mehl 260g
- ½ Tasse Wasser
- ½ Teelöffel rosa Salz

ANWEISUNGEN
a) Bringen Sie einen Suppentopf mit Wasser zum Kochen.
b) Fügen Sie das Huhn, die Hälfte des Kürbisses oder Kürbisses und die Pimentbeeren hinzu.
c) Kochen Sie die Mischung 30 Minuten lang bei geschlossenem Deckel oder bis das Huhn gar ist und der Kürbis oder Kürbis weich ist.
d) Den Kürbis oder Kürbis mit einer Gabel zerdrücken.
e) Um Ihre Knödel zuzubereiten, vermischen Sie das Mehl und das rosa Salz in einer mittelgroßen Schüssel und fügen Sie dann nach und nach das Wasser hinzu.

f) Wasser und Mehl zu einer Teigkugel vermischen.

g) Nehmen Sie ein kleines Stück Teig und rollen Sie es in Ihren Handflächen.

h) Formen Sie die Teigkugel zu Scheiben, um typische Knödel zu erhalten.

i) Legen Sie jeden Teigschleuder und Knödel vorsichtig in die kochende Brühe.

j) Den restlichen Kürbis oder Kürbis, Frühlingszwiebeln, Chocho, Kartoffeln, Karotten, Thymian, die hausgemachte Hahnensuppenmischung und Scotch Bonnet hinzufügen.

k) Decken Sie den Topf ab und lassen Sie die Suppe 45 Minuten lang köcheln, bis sie eindickt.

51. Mais-Suppe

Zubereitungszeit: 10 Minuten
Kochzeit: 1 Stunde 35 Minuten
Ergibt: 6 Portionen

ZUTATEN:
- 1½ Pfund gesalzene Zöpfe in Stücke schneiden und kochen
- 1 ¼ Tassen gelbe Erbsen, gewaschen
- 5 ¼ Tassen Wasser
- 4 Knoblauchzehen, zerdrückt
- 2 Esslöffel Kokosöl
- 6 Zweige frischer Thymian
- 1 Zwiebel, gewürfelt
- 2 Stangen Sellerie, gewürfelt
- ¼ Tasse gehackte frische Petersilie
- 3 Frühlingszwiebeln, gehackt
- 3 Pimiento-Paprikaschoten, gewürfelt
- 2 Red Bird's Eye Chili Pepper
- 3 Esslöffel gehackte Korianderblätter
- ¼ Teelöffel frisch gemahlener schwarzer Pfeffer
- 2 Tassen gewürfelte Kürbisse
- 2 Tassen gewürfelte Süßkartoffeln
- 2 Tassen Hühnerbrühe
- 1½ Tassen Kokosmilch
- 2 Karotten, gewürfelt
- 4 Mais in Stücke schneiden
- 1 Dose Rahmmais
- 1 Tasse gefrorener Mais
- 1 Tasse Allzweckmehl
- 1 Prise Salz

ANWEISUNGEN:

a) Die gekochten Zöpfe mit den gelben Erbsen und dem Knoblauch vermischen und zum Kochen bringen.

b) 35–40 Minuten köcheln lassen oder bis die Erbsen weich sind.

c) Erhitzen Sie das Kokosnussöl auf mittlerer Flamme und fügen Sie dann Zwiebeln, Frühlingszwiebeln, frischen Thymian, Pimiento-Paprika, Korianderblätter, frische Petersilie, Red Bird's Eye Chili Pepper, Sellerie und frisch gemahlenen schwarzen Pfeffer hinzu. Etwa 4-5 Minuten kochen lassen.

d) Fügen Sie die Süßkartoffeln, Kürbisse und Karotten hinzu und rühren Sie gut um. Dann die Hühnerbrühe hinzufügen und etwa 25 Minuten lang zum Kochen bringen.

e) Die Erbsen/den Zopf in den Suppentopf geben und gut umrühren.

f) Fügen Sie Kokosmilch, gefrorenen Mais und Rahmmais hinzu.

g) Weitere 20 Minuten köcheln lassen.

h) Wasser, Allzweckmehl und Salz in eine Schüssel geben und zu einem weichen Teig verkneten. Den Teig etwa 5 Minuten ruhen lassen.

i) In 3 kleinere Kugeln teilen und jeden Teil zu einem dicken Strohhalm-Zylinder ausrollen.

j) In mundgerechte Stücke schneiden und in die kochende Suppe geben.

k) Die geschnittenen Maisstücke dazugeben und etwa 5 Minuten kochen lassen.

52. Lachs-Gemüsesuppe

Portionen: 4 Portionen

ZUTATEN:
- 2 Lachsfilets, enthäutet und in mundgerechte Stücke geschnitten
- 1 ½ Tassen weiße Zwiebel, fein gehackt
- 1 ½ Tassen Süßkartoffel, geschält und gewürfelt
- 1 Tasse Brokkoliröschen, in kleine Stücke geschnitten
- 3 Tassen Hühnerbrühe
- 2 Tassen Vollmilch
- 2 Esslöffel Allzweckmehl
- 1 Teelöffel getrockneter Thymian
- 3 Esslöffel ungesalzene Butter
- 1 Lorbeerblatt
- Salz und Pfeffer nach Geschmack
- Glatte Petersilie, fein gehackt

ANWEISUNGEN:
a) Gehackte Zwiebeln in ungesalzener Butter glasig dünsten. Mehl einrühren und mit der Butter und der Zwiebel gut vermischen. Mit Hühnerbrühe und Milch aufgießen, dann Süßkartoffelwürfel, Lorbeerblatt und Thymian hinzufügen.

b) Lassen Sie die Mischung unter gelegentlichem Rühren 5–10 Minuten köcheln.

c) Fügen Sie die Lachs- und Brokkoliröschen hinzu. Dann 5-8 Minuten kochen lassen.

d) Mit Salz und Pfeffer würzen und bei Bedarf den Geschmack anpassen.

e) In einzelne kleine Schüsseln füllen und mit gehackter Petersilie garnieren.

53. Gemahlener Bison-Gemüse-Eintopf

Portionen: 5-6

Zutaten
- 1 Pfund gemahlener Bison
- 1-2 Esslöffel Avocadoöl
- 3 große Karotten (2 Tassen), gehackt
- 3 Selleriestangen (1 Tasse), in Scheiben geschnitten
- 2 große weiße Süßkartoffeln (2 Tassen), gehackt
- 1/2 Teelöffel Salz
- 2 Teelöffel Kurkuma
- 3 Tassen Hühnerbrühe
- 1 1/2 Tassen Butternusskürbis, püriert
- 3 Tassen Grünkohl, gehackt
- Frische Petersilie, Belag (optional)

Richtungen
a) Erhitzen Sie eine große Pfanne bei mittlerer Hitze und geben Sie das zerkleinerte Bison hinein, brechen Sie es in Stücke. Sobald das Fleisch fertig gegart ist, nehmen Sie es aus der Pfanne und stellen Sie es zur Seite.

b) Erhitzen Sie das Avocadoöl in einem großen Suppentopf bei mittlerer Hitze. Sobald es heiß ist, fügen Sie die gehackten Karotten und den Sellerie hinzu. Etwa 8 Minuten anbraten.

c) Fügen Sie die weißen Süßkartoffeln, Salz und Kurkuma hinzu und vermischen Sie die Zutaten. Kochen Sie die Zutaten bei mittlerer Hitze unter gelegentlichem Rühren weitere 10 Minuten lang oder bis das Gemüse etwas weicher ist.

d) Brühe, pürierten Butternusskürbis, Grünkohl und Bison hinzufügen. Alle Zutaten verrühren und den Eintopf bei niedriger bis mittlerer Hitze etwa 30 Minuten köcheln lassen.

e) Sobald der Eintopf fertig ist, warm servieren und nach Belieben mit frischer Petersilie belegen.

54. Kokos-Rindfleisch-Curry

PORTIONEN: 4

ZUTATEN:
- 1 ½ Pfund. Rindfleisch, in Stücke schneiden
- ½ Tasse Basilikum, in Scheiben geschnitten
- 2 Esslöffel brauner Zucker
- 2 Esslöffel Fischsauce
- ¼ Tasse Hühnerbrühe
- ¾ Tasse Kokosmilch
- 2 Esslöffel Currypaste
- 1 Zwiebel, in Scheiben geschnitten
- 1 Paprika, in Scheiben geschnitten
- 1 Süßkartoffel

ANWEISUNGEN:
a) Im Instant-Topf alle Zutaten außer Basilikum vermischen und gut umrühren.
b) 15 Minuten lang auf höchster Stufe kochen, nachdem der Topf mit einem Deckel verschlossen wurde.
c) Lassen Sie den Druck auf natürliche Weise nachlassen, bevor Sie den Deckel öffnen.
d) Das Basilikum dazugeben und gründlich vermischen.
e) Aufschlag.

55. Süßkartoffel-Kürbis-Suppe

Ergibt 4 bis 6 Portionen

ZUTATEN:
- 1 kleiner Kürbis (ca. 2 Pfund)
- 1 Teelöffel natives Olivenöl extra
- 5 Tassen Gemüsebrühe, [hausgemacht](#) oder im Laden gekauft
- 1 (5 cm) Zimtstange
- ½ Teelöffel grobes Meersalz
- 2 Süßkartoffeln (insgesamt etwa 1½ Pfund), geschält und in 2,5 cm große Stücke geschnitten
- 1 Tasse [Rahmte Cashewnüsse](#)
- Frisch gemahlener weißer Pfeffer

ANWEISUNGEN:

a) Den Ofen auf 275°F vorheizen. Ein kleines Backblech mit Rand mit Backpapier auslegen.

b) Schneiden Sie die Oberseite des Kürbisses ab und löffeln Sie die Kerne heraus. (Es ist in Ordnung, wenn an den Kernen noch Kürbisreste zu sehen sind.) Geben Sie die Kerne in eine kleine Schüssel, beträufeln Sie sie mit dem Öl und schwenken Sie sie, bis sie gleichmäßig bedeckt sind.

c) Verteilen Sie die Samen in einer einzigen Schicht auf dem mit Backpapier ausgelegten Backblech und backen Sie sie etwa 15 Minuten lang, bis sie leicht gebräunt sind. Rühren Sie dabei alle 5 Minuten um, um ein gleichmäßiges Garen zu gewährleisten. Beiseite legen.

d) In der Zwischenzeit den Kürbis schälen und in 2,5 cm große Stücke schneiden. Brühe, Zimtstange und Salz in einen großen Topf geben und bei mittlerer Hitze köcheln lassen. 5 Minuten kochen lassen, dann den Kürbis und die Süßkartoffeln hinzufügen. Erhöhen Sie die Hitze auf eine hohe Stufe und bringen Sie es zum Kochen.

e) Reduzieren Sie sofort die Hitze auf mittlere bis niedrige Stufe, decken Sie das Ganze ab und lassen Sie es unter gelegentlichem Rühren etwa 35 Minuten lang köcheln, bis das Gemüse gabelweich ist. Cashewcreme unterrühren.

f) Verwenden Sie einen Standardmixer und verarbeiten Sie die Suppe in mehreren Portionen oder verwenden Sie einen Stabmixer, um die Suppe glatt zu rühren. Gießen Sie die Suppe zurück in den Topf und kochen Sie sie bei mittlerer bis niedriger Hitze unter gelegentlichem Rühren, bis sie durchgewärmt ist.

g) Bei Bedarf mit Wasser verdünnen, damit sich die Suppe leicht aus einem Löffel gießen lässt. Mit Salz und Pfeffer abschmecken. Mit den gerösteten Kürbiskernen garniert servieren.

56. Thailändisches Süßkartoffel-Curry

Macht: 4-5

ZUTATEN:
- Öl: 1 Esslöffel
- Schalotten: 2, in dünne Scheiben geschnitten
- Süßkartoffeln: 2 (geschält und gewürfelt)
- Frischer Babyspinat: 3-4 Tassen
- Currypaste: 2-3 Esslöffel
- Normale Kokosmilch: 1 (14 Unzen)
- Brühe oder Wasser: ½–1 Tasse
- Erdnüsse und Koriander: ½ Tasse (gehackt)
- Sojasauce: nach Geschmack

ANWEISUNGEN:
a) Knoblauch, Schalotten und Ingwer sollten alle geröstet sein.
b) Alle Zutaten sowie einige Gewürze, Zitronengraspaste und Koriander in einer Küchenmaschine vermischen.
c) Erhitzen Sie das Öl auf eine mittlere bis hohe Temperatur.
d) Schalotten und Süßkartoffeln unterrühren, sodass sie mit Öl bedeckt sind.
e) Die Currypaste einrühren, bis alles gut vermischt ist.
f) Den Spinat dazugeben, bis er vollständig zusammengefallen ist.
g) Erdnuss-Koriander-Mischung dazugeben und etwas zum Garnieren aufheben.
h) Sojasauce hinzufügen.
i) Mit den restlichen Erdnüssen/Koriander auf dem Reis servieren.

57. Thai-Curry-Hot Pot

Macht: 8-10

ZUTATEN:
ZUTATEN FÜR DIE HOT-POT-BRÜHE:
- Olivenöl: 1 Esslöffel
- Knoblauchzehen: 5, gehackt
- Frischer Ingwer: 1 Zoll (in dicke Scheiben geschnitten)
- Kitchen Basics Gemüsebrühe: 8 Tassen
- Kokosmilch: 3 Dosen (15 Unzen)
- Rote Currypaste von Thai Kitchen: 4-6 Esslöffel (nach Geschmack)

HOT-POT-LÖFFEL UND ZUTATEN FÜR DAS TOPPING:
- Knuspriger Tofu
- Nudeln / Reis
- Geschnittene Paprika, Süßkartoffeln, Brokkoli, Karotten, Zwiebeln, Erbsen, Blumenkohl, Kürbis, Pilze. Grünes Gemüse
- Belag mit Kohl, Baby-Pak Choi, Grünkohl, Spinat oder Blattkohl
- Frische Kräuter
- Frische Chilis
- Geröstete Kokosflocken
- Limettenspalten
- Frühlingszwiebeln: in dünne Scheiben geschnitten

ANWEISUNGEN:

a) Erhitzen Sie das Olivenöl in einem großen Suppentopf.

b) Knoblauch und Ingwer hinzufügen und kochen.

c) Gemüsebrühe und Kokosmilch unterrühren, bis alles gut vermischt ist.

d) Dann 3 bis 4 Esslöffel Currypaste unterrühren, bis sie sich vollständig aufgelöst hat.

e) Abschmecken und bei Bedarf noch mehr Currypaste hinzufügen.

f) Abdecken und 5 Minuten bei schwacher Hitze kochen lassen. Danach die Ingwerscheiben herausnehmen.

g) Bis zum Servieren köcheln lassen.

h) Fügen Sie Ihre bevorzugten Schöpflöffel hinzu, kochen Sie sie auf und seihen Sie sie mit einem Sieb in die Schüsseln.

i) Füllen Sie jede Servierschüssel mit einer Kelle Brühe.

j) Mit bevorzugten Toppings garnieren und heiß servieren.

58. Würzige Süßkartoffel-Grünkohl-Cannellini-Suppe

Macht: 12

ZUTATEN:
- Parmesankäse (gerieben) 1 Tasse
- Giardiniera 1/2 Tasse
- Olivenöl nach Bedarf
- Starke Schlagsahne 1/2 Tasse
- Frischer Grünkohl (gehackt) 3 Tassen
- Cannellini-Bohnen (abgetropft und abgespült) 2 Tassen
- Gemüsebrühe 1¾ Tassen
- Pfeffer 1/4 Teelöffel
- 1/2 Teelöffel salzen
- Rote Paprikaflocken (zerkleinert) 1 Teelöffel
- Salbei (gerieben) 1 Teelöffel
- Granny-Smith-Äpfel, mittelgroß (gehackt und geschält) 2
- Süßkartoffeln, mittelgroß (gewürfelt) 5
- Honig 1 Teelöffel
- Knoblauchzehen (gehackt) 3
- Zwiebel, mittel (fein gehackt) 1
- Olivenöl 2 Esslöffel

ANWEISUNGEN:

a) Nehmen Sie einen 6-Liter-Suppentopf und erhitzen Sie das Öl darin auf mittlerer bis hoher Flamme.

b) Fügen Sie die Zwiebeln hinzu und kochen und mischen Sie sie 7 bis 8 Minuten lang, bis sie weich sind.

c) Den Knoblauch hinzufügen und noch 1 Minute kochen lassen. Brühe, Gewürze, Honig, Äpfel und Süßkartoffeln hineinmischen.

d) Kochen Sie es und reduzieren Sie die Hitze. Zugedeckt eine halbe Stunde köcheln lassen, bis die Kartoffeln weich sind.

e) Verwenden Sie einen Stabmixer, um die Suppe zu pürieren, oder kühlen Sie die Suppe leicht ab und pürieren Sie sie portionsweise in einen Mixer. Geben Sie es zurück in die Pfanne.

f) Den Grünkohl und die Bohnen hinzufügen und kochen. Lassen Sie es offen bei mittlerer Flamme 15 Minuten lang stehen, bis der Grünkohl zart wird. In regelmäßigen Abständen umrühren.

g) Die Sahne unterrühren und nach Belieben mit Toppings servieren.

59. Süßkartoffel-Hühnereintopf

Macht: 8

ZUTATEN:

- Brauner Reis (heiß und gekocht) nach Belieben
- Cayennepfeffer 1/4 Teelöffel
- Getrockneter Thymian (aufgeteilt) 1/2 Teelöffel
- Erdnussbutter (cremig) 1/4 Tasse
- Hühnerbrühe (natriumreduziert) 1 Tasse
- Süßkartoffel, groß (geschält und in 2,5 cm große Würfel geschnitten) 1
- Zerkleinerte Tomaten 3 ½ Tassen
- Schwarzaugenerbsen (abgetropft und abgespült) 2 Tassen
- Frische Ingwerwurzel (gehackt) 2 Esslöffel
- Knoblauchzehen (gehackt) 6
- Zwiebel, mittel (dünn geschnitten) 1
- Rapsöl (aufgeteilt) 3 Teelöffel
- Pfeffer 1/4 Teelöffel
- 1/2 Teelöffel salzen
- Hähnchenbrust (ohne Haut, ohne Knochen und gewürfelt) 2 Tassen

ANWEISUNGEN:

a) Streuen Sie etwas Pfeffer und Salz über das Huhn. Kochen Sie das Hähnchen bei mittlerer Flamme in zwei Teelöffeln Öl 5 Minuten lang in einem Schmortopf, bis das Hähnchen nicht mehr rosa ist; Nehmen Sie das Hähnchen aus dem Ofen und legen Sie es beiseite.

b) In derselben Pfanne die Zwiebel im restlichen Öl anbraten, bis sie weich ist. Ingwer und Knoblauch hinzufügen; noch eine Minute kochen lassen.

c) Cayennepfeffer, 1¼ Teelöffel Thymian, Erdnussbutter, Brühe, Süßkartoffel, Tomaten und Erbsen hineinrühren.

d) Kochen Sie sie und reduzieren Sie die Hitze. Abdecken und 15 bis 20 Minuten köcheln lassen, bis die Kartoffel weich ist. Fügen Sie das Huhn hinzu und erhitzen Sie es gut.

e) Nach Belieben mit Reis servieren. Mit dem restlichen Thymian bestreuen.

60. Süßkartoffel-Linsen-Eintopf

Macht: 6

ZUTATEN:
- Frischer Koriander (gehackt) 1/4 Tasse
- Gemüsebrühe 5¼ Tassen
- Cayennepfeffer 1/4 Teelöffel
- Ingwer, gemahlen 1/4 Teelöffel
- Kreuzkümmel, gemahlen 1/2 Teelöffel
- Knoblauchzehen (gehackt) 4
- Zwiebel, mittelgroß (gehackt) 1
- Karotten, mittelgroß (in 2,5 cm große Stücke geschnitten) 3
- Getrocknete Linsen (abgespült) 1½ Tassen
- Süßkartoffeln, mittelgroß, 2¼ Tassen

ANWEISUNGEN:

a) Nehmen Sie einen 3-Liter-Kocher (langsam) und sammeln Sie die letzten neun Zutaten.

b) Kochen Sie sie, aber decken Sie sie nicht ab.

c) Auf kleiner Flamme 5 bis 6 Stunden kochen, bis die Linsen und das Gemüse weich sind. Den Koriander untermischen.

61. Callaloo-Suppe

Zubereitungszeit: 20 Minuten
Kochzeit: 1 Stunde
Ergibt: 4–6 Portionen

ZUTATEN
- 6 Tassen Callaloo oder Spinat
- 1½ Tassen gewürfelte Süßkartoffeln
- 1½ Tassen Butternusskürbis, gewürfelt
- 1 Zwiebel in Scheiben geschnitten
- 4 Knoblauchzehen gehackt
- ½ Esslöffel getrockneter Thymian
- ¼ eines Scotch Bonnets, nicht zu viel
- 1 Teelöffel rosa Himalaya-Salz
- 1 Frühlingszwiebel oder 3 gehackte
- ¼ Teelöffel schwarzer Pfeffer
- 4-5 Okras in Scheiben geschnitten
- 2 Tassen Gemüsebrühe
- 2 Tassen Kokosmilch
- 2 Esslöffel Kokosöl

ANWEISUNGEN

a) Heizen Sie einen schweren Topf bei mittlerer Hitze vor, bevor Sie das Kokosöl hinzufügen.

b) Den Knoblauch, die Zwiebel und die Frühlingszwiebel eine Minute lang anbraten, oder bis die Zwiebeln weich sind.

c) Fügen Sie die gewürfelte Butternuss, die Süßkartoffel und die Okra hinzu.

d) Lassen Sie das Gemüse zwei bis drei Minuten in der Pfanne anschwitzen und rühren Sie dabei ständig um, damit es nicht anbrennt.

e) Scotch Bonnet, Thymian, Salz und Pfeffer hinzufügen und dabei das Gemüse schwenken.

f) Den Spinat oder Callaloo in die Pfanne geben.

g) Geben Sie die Kokosmilch und die Gemüsebrühe hinzu und stellen Sie dann die Hitze auf niedrige Stufe.

h) Decken Sie die Pfanne mit dem Deckel ab und lassen Sie die Mischung bis zu einer Stunde köcheln, bis sie eindickt.

i) Sobald die gewünschte Dicke erreicht ist, können Sie mit einem Stabmixer pulsieren, um eine eher suppenartige Konsistenz zu erzielen.

62. Kichererbsen-Süßkartoffeleintopf

Macht: 4

ZUTATEN:
- 15 Unzen Kichererbsen, abgetropft und abgespült
- 2 Tassen Süßkartoffel, geschält und gewürfelt
- 4 Esslöffel Gemüsebrühe
- 15 Unzen feuergeröstete, zerkleinerte Tomaten, 1 Dose
- 3 Knoblauchzehen, gehackt
- 1 kleine Zwiebel, gewürfelt
- 1 Teelöffel Ingwer, gehackt
- 3 Tassen Gemüsebrühe
- 5 Unzen frischer Spinat
- 1/4 Teelöffel getrockneter Koriander
- 1/8 Teelöffel Cayennepfeffer
- 1 Esslöffel süßer Paprika
- 1/2 Teelöffel Kreuzkümmel

ANWEISUNGEN:

a) In einem großen Topf oder Ofen die Gemüsebrühe bei mittlerer Hitze erhitzen. Sobald die Brühe köchelt, kochen Sie die Zwiebel 4–5 Minuten lang oder bis sie glasig ist.

b) Knoblauch und Ingwer mindestens 2 bis 3 Minuten unterrühren. Kochen Sie es und rühren Sie es gelegentlich um, bis es duftet. Fügen Sie dann süßen Paprika, Kreuzkümmel, Koriander und Cayennepfeffer hinzu.

c) Kichererbsen, Süßkartoffeln, zerdrückte Tomaten und Gemüsebrühe in einem Topf zum Kochen bringen. Reduzieren Sie die Hitze auf mittlere bis niedrige Stufe und lassen Sie die Süßkartoffeln 15–20 Minuten kochen, oder bis sie weich sind.

d) Den Spinat unterrühren, bis er weich ist. Sofort servieren.

63. Kokos-Curry-Linsen

Macht: 10

ZUTATEN:

- 2 Tassen braune Linsen
- 14 Unzen Dose Kokosmilch, Vollfett
- 3 Esslöffel Currypulver
- 2 Knoblauchzehen
- 1 gelbe Zwiebel
- 15 Unzen Tomatensauce
- 1 3/4 Pfund Süßkartoffel
- 3 Tassen Gemüsebrühe
- 2 Karotten
- 15 Unzen kleine Tomatenwürfel
- 1/4 Teelöffel gemahlene Nelken

ZUM SERVIEREN

- 1/2 rote Zwiebel
- 1/2 Bund frischer Koriander
- 10 Tassen gekochter Reis

ANWEISUNGEN:

a) Den Knoblauch fein hacken und die Zwiebel würfeln. Schneiden Sie die geschälten Karotten in Scheiben und schneiden Sie die Süßkartoffel in ¼ bis ½ Zoll große Würfel.

b) In einem Slow Cooker Knoblauch, Zwiebeln, Süßkartoffeln, Karotten, Linsen, Currypulver, Nelken, Tomatenwürfel, Tomatensauce und Gemüsebrühe vermischen. Alles zusammenrühren.

c) Stellen Sie den Slow Cooker für 4 Stunden auf hoch oder für 7–8 Stunden auf niedrig ein. Wenn die Linsen fertig sind, sollten sie weich sein und den größten Teil der Flüssigkeit aufgesogen haben.

d) Kombinieren Sie die Linsen und die Kokosmilch in einer Rührschüssel. Passen Sie das Salz oder andere Gewürze nach Geschmack an.

e) Zum Servieren 1 Tasse gekochten Reis in eine Schüssel geben, gefolgt von 1 Tasse Linsenmischung.

f) Mit fein gewürfelten roten Zwiebeln und frischem Koriander garniert servieren.

PASTA

64. Kastanien- und Süßkartoffel-Gnocchi

Ergibt: 4 Portionen

ZUTATEN:
GNOCCHI
- 1 + ½ Tasse geröstete Süßkartoffel
- ½ Tasse Kastanienmehl
- ½ Tasse Vollmilch-Ricotta
- 2 Teelöffel koscheres Salz
- ½ Tasse glutenfreies Mehl
- Weißer Pfeffer nach Geschmack
- Geräucherter Paprika nach Geschmack

PILZ-KASTANIEN-RAGU
- 1 Tasse Champignons, in 4 Stücke geschnitten
- 2-3 Portobello-Pilze, in feine Streifen geschnitten
- 1 Tablett Shimeji-Pilze (weiß oder braun)
- ⅓ Tasse Kastanie, gewürfelt
- 2 Esslöffel Butter
- 2 Schalotten, fein gehackt
- 2 Knoblauchzehen, fein gehackt
- 1 Teelöffel Tomatenmark
- Weißwein (nach Geschmack)
- Koscheres Salz (nach Geschmack)
- 2 Esslöffel frischer Salbei, fein gehackt
- Petersilie nach Geschmack

BEENDEN
- 2 Esslöffel Olivenöl
- Parmesankäse (nach Geschmack)

ANWEISUNGEN:

GNOCCHI

a) Den Backofen auf 380 Grad vorheizen.

b) Stechen Sie die Süßkartoffeln rundherum mit einer Gabel ein.

c) Legen Sie die Süßkartoffeln auf ein Backblech mit Rand und rösten Sie sie etwa 30 Minuten lang oder bis sie weich sind. Etwas abkühlen lassen.

d) Schälen Sie die Süßkartoffeln und geben Sie sie in eine Küchenmaschine. Pürieren, bis eine glatte Masse entsteht.

e) In einer großen Schüssel die trockenen Zutaten (Kastanienmehl, Salz, glutenfreies Mehl, weißer Pfeffer und geräuchertes Paprikapulver) vermischen und beiseite stellen.

f) Das Süßkartoffelpüree in eine große Schüssel geben. Den Ricotta dazugeben und ¾ der getrockneten Mischung hinzufügen. Geben Sie den Teig auf eine stark bemehlte Arbeitsfläche und kneten Sie vorsichtig mehr Mehl unter, bis der Teig zusammenfügt, aber noch sehr weich ist.

g) Teilen Sie den Teig in 6–8 Stücke und rollen Sie jedes Stück zu einem 2,5 cm dicken Strang.

h) Schneiden Sie die Stränge in 2,5 cm lange Stücke und bestäuben Sie jedes Stück mit glutenfreiem Mehl.

i) Rollen Sie jeden Gnocchi gegen die Zinken einer bemehlten Gabel, sodass kleine Vertiefungen entstehen.

j) Bewahren Sie es auf einem Tablett im Kühlschrank auf, bis Sie es verwenden möchten.

PILZ-KASTANIEN-RAGU

k) In einer heißen Pfanne die Butter schmelzen und eine Prise Salz hinzufügen.

l) Schalotten, Knoblauch und Salbei dazugeben und 10 Minuten anbraten, bis die Schalotten glasig sind.

m) Alle Pilze dazugeben und bei starker Hitze unter ständigem Rühren anbraten.

n) Tomatenmark und Weißwein dazugeben und einkochen lassen, bis die Pilze weich und zart sind.

o) Das Ragout mit frisch gehackter Petersilie und gewürfelten Kastanien belegen. Beiseite legen.

BEENDEN

p) Einen großen Topf mit Salzwasser zum Kochen bringen. Fügen Sie die Süßkartoffel-Gnocchi hinzu und kochen Sie sie etwa 3–4 Minuten lang, bis sie an der Oberfläche schwimmen.

q) Geben Sie die Gnocchi mit einem Schaumlöffel auf einen großen Teller. Mit den restlichen Gnocchi wiederholen.

r) 2 Esslöffel Olivenöl in einer großen Bratpfanne schmelzen.

s) Die Gnocchi unter leichtem Rühren dazugeben, bis die Gnocchi karamellisiert sind.

t) Fügen Sie das Pilzragout hinzu und fügen Sie ein paar Esslöffel Gnocchi-Wasser hinzu.

u) Vorsichtig umrühren und bei starker Hitze 2-3 Minuten kochen lassen.

v) Mit einer Prise Parmesankäse darüber servieren.

65. Bucatini mit Pesto und Süßkartoffeln

Macht: 4 Portionen

ZUTATEN:
- 1 Süßkartoffel, geschält und in Würfel geschnitten
- 1 rote Zwiebel, in kleine Spalten geschnitten
- 1/3 Tasse + 2 Esslöffel. Olivenöl, gleichmäßig verteilt
- Prise Salz und schwarzer Pfeffer
- 4 Tassen Grünkohl, frisch und zerrissen
- ½ Tasse Petersilie, glattes Blatt und frisch
- 2 Unzen Parmesankäse, frisch gerieben und extra zum Servieren
- 1 Knoblauchzehe
- 2 Teelöffel. Zitronenschale
- 1 ½ Esslöffel. Zitronensaft, frisch
- 12 Unzen Bucatini
- Pinienkerne, leicht geröstet und zum Servieren

ANWEISUNGEN:

a) Heizen Sie zunächst den Ofen auf 425 Grad vor.

b) Während der Ofen aufheizt, verwenden Sie ein großes Backblech und geben Sie die gewürfelten Kartoffeln, die Zwiebelspalten und die zwei Esslöffel Olivenöl hinein. Zum Mischen umrühren. Mit einer Prise Salz und schwarzem Pfeffer würzen.

c) Im Ofen 24 bis 26 Minuten lang backen oder bis die Kartoffeln und Zwiebelspalten weich sind.

d) Während dieser Zeit den Grünkohl und die gehackte Petersilie in eine Küchenmaschine geben. 5 Mal pulsieren oder bis es zerkleinert ist. Dann den Parmesankäse, die Knoblauchzehe, die frische Zitronenschale und den frischen Zitronensaft hinzufügen. Pulsieren Sie erneut für weitere 12 Mal.

e) Die restliche 1/3 Tasse Olivenöl langsam in die Mischung träufeln und weiter pulsieren lassen. Mit einer Prise Salz und schwarzem Pfeffer würzen.

f) Anschließend die Nudeln in kochendem Wasser weich kochen. Nach dem Garen die Nudeln abtropfen lassen und beiseite stellen. Stellen Sie sicher, dass Sie ¼ Tasse Nudelwasser aufbewahren.

g) Die gekochten Nudeln, das frisch zubereitete Pesto und das geröstete Gemüse in eine große Schüssel geben. Zum Mischen umrühren. Gießen Sie das Nudelwasser hinzu und rühren Sie es erneut um, um es zu vermischen.

h) Sofort mit Parmesankäse und gerösteten Pinienkernen servieren.

66. Kastanien- und Süßkartoffel-Gnocchi

Ergibt: 4 Portionen

ZUTATEN:
GNOCCHI
- 1 + ½ Tasse geröstete Süßkartoffel
- ½ Tasse Kastanienmehl
- ½ Tasse Vollmilch-Ricotta
- 2 Teelöffel koscheres Salz
- ½ Tasse glutenfreies Mehl
- Weißer Pfeffer nach Geschmack
- Geräucherter Paprika nach Geschmack

PILZ-KASTANIEN-RAGU
- 1 Tasse Champignons, in 4 Stücke geschnitten
- 2-3 Portobello-Pilze, in feine Streifen geschnitten
- 1 Tablett Shimeji-Pilze (weiß oder braun)
- 1/3 Tasse Kastanie, gewürfelt
- 2 Esslöffel Butter
- 2 Schalotten, fein gehackt
- 2 Knoblauchzehen, fein gehackt
- 1 Teelöffel Tomatenmark
- Weißwein (nach Geschmack)
- Koscheres Salz (nach Geschmack)
- 2 Esslöffel frischer Salbei, fein gehackt
- Petersilie nach Geschmack

BEENDEN
- 2 Esslöffel Olivenöl
- Parmesankäse (nach Geschmack)

ANWEISUNGEN:

GNOCCHI

a) Den Backofen auf 380 Grad vorheizen.

b) Stechen Sie die Süßkartoffeln rundherum mit einer Gabel ein.

c) Legen Sie die Süßkartoffeln auf ein Backblech mit Rand und rösten Sie sie etwa 30 Minuten lang oder bis sie weich sind. Etwas abkühlen lassen.

d) Schälen Sie die Süßkartoffeln und geben Sie sie in eine Küchenmaschine. Pürieren, bis eine glatte Masse entsteht.

e) In einer großen Schüssel die trockenen Zutaten (Kastanienmehl, Salz, glutenfreies Mehl, weißer Pfeffer und geräuchertes Paprikapulver) vermischen und beiseite stellen.

f) Das Süßkartoffelpüree in eine große Schüssel geben. Den Ricotta dazugeben und ¾ der getrockneten Mischung hinzufügen. Geben Sie den Teig auf eine stark bemehlte Arbeitsfläche und kneten Sie vorsichtig mehr Mehl unter, bis der Teig zusammenfügt, aber noch sehr weich ist.

g) Teilen Sie den Teig in 6–8 Stücke und rollen Sie jedes Stück zu einem 2,5 cm dicken Strang.

h) Schneiden Sie die Stränge in 2,5 cm lange Stücke und bestäuben Sie jedes Stück mit glutenfreiem Mehl.

i) Rollen Sie jeden Gnocchi gegen die Zinken einer bemehlten Gabel, sodass kleine Vertiefungen entstehen.

j) Bewahren Sie es auf einem Tablett im Kühlschrank auf, bis Sie es verwenden möchten.

PILZ-KASTANIEN-RAGU

k) In einer heißen Pfanne die Butter schmelzen und eine Prise Salz hinzufügen.

l) Schalotten, Knoblauch und Salbei dazugeben und 10 Minuten anbraten, bis die Schalotten glasig sind.

m) Alle Pilze dazugeben und bei starker Hitze unter ständigem Rühren anbraten.

n) Tomatenmark und Weißwein dazugeben und einkochen lassen, bis die Pilze weich und zart sind.

o) Das Ragout mit frisch gehackter Petersilie und gewürfelten Kastanien belegen. Beiseite legen.

BEENDEN

p) Einen großen Topf mit Salzwasser zum Kochen bringen. Fügen Sie die Süßkartoffel-Gnocchi hinzu und kochen Sie sie etwa 3–4 Minuten lang, bis sie an der Oberfläche schwimmen.

q) Geben Sie die Gnocchi mit einem Schaumlöffel auf einen großen Teller. Mit den restlichen Gnocchi wiederholen.

r) 2 Esslöffel Olivenöl in einer großen Bratpfanne schmelzen.

s) Die Gnocchi unter leichtem Rühren dazugeben, bis die Gnocchi karamellisiert sind.

t) Fügen Sie das Pilzragout hinzu und fügen Sie ein paar Esslöffel Gnocchi-Wasser hinzu.

u) Vorsichtig umrühren und bei starker Hitze 2-3 Minuten kochen lassen.

v) Mit einer Prise Parmesankäse darüber servieren.

SEITEN

67. Limetten- und Tequila-Süßkartoffeln

Ergibt: 1 Portion

ZUTATEN:
- 2 Pfund Süßkartoffeln; geschält
- ¼ Tasse frischer Limettensaft
- 2 Esslöffel Honig
- 1 Esslöffel Tequila

ANWEISUNGEN:

a) Süßkartoffeln in ¾ Zoll dicke Scheiben schneiden. Die Scheiben in einer großen Pfanne bei starker Hitze etwa 6 Minuten kochen. Abfluss. Süßkartoffeln sollten gerade zart sein. In einer Schüssel Limettensaft, Honig und Tequila vermischen.

b) Kartoffeln damit bestreichen. Auf einem gefetteten Rost 4 bis 6 Minuten grillen. Wiederholt mit der Mischung bestreichen und häufig wenden. Süßkartoffeln sind gar, wenn sie gebräunt sind.

68. Süßkartoffel-Speckbrei

Macht: 4

ZUTATEN:
- 3 Süßkartoffeln, geschält
- 4 Unzen Speck, gehackt
- 1 Tasse Hühnerbrühe
- 1 Esslöffel Butter
- 1 Teelöffel Salz
- 2 Unzen Parmesan, gerieben

ANWEISUNGEN:
a) Süßkartoffel würfeln und in die Pfanne geben.
b) Hühnerbrühe hinzufügen und den Deckel schließen.
c) Kochen Sie das Gemüse, bis es weich ist.
d) Anschließend die Hühnerbrühe abgießen.
e) Die Süßkartoffel mit Hilfe des Kartoffelstampfers zerdrücken. Geriebenen Käse und Butter hinzufügen.
f) Salz und gehackten Speck vermischen. Frittieren Sie die Mischung, bis sie knusprig ist (10–15 Minuten).
g) Gekochten Speck zum Süßkartoffelpüree geben und mit Hilfe des Löffels vermischen.
h) Es wird empfohlen, die Mahlzeit warm oder heiß zu servieren.

69. Gebratene Süßkartoffeln mit Parmesan

Macht: 2

ZUTATEN:
- 2 Süßkartoffeln, geschält
- ½ gelbe Zwiebel, in Scheiben geschnitten
- ½ Tasse Sahne
- ¼ Tasse Spinat
- 2 Unzen Parmesankäse, gerieben
- ½ Teelöffel Salz
- 1 Tomate
- 1 Teelöffel Olivenöl

ANWEISUNGEN:
a) Die Süßkartoffeln hacken.
b) Die Tomate hacken.
c) Den Spinat hacken.
d) Sprühen Sie das Olivenöl auf die Heißluftfritteuse.
e) Dann auf die Schicht der gehackten Süßkartoffeln legen.
f) Fügen Sie die Schicht der geschnittenen Zwiebel hinzu.
g) Anschließend die geschnittenen Zwiebeln mit dem gehackten Spinat und den Tomaten bestreuen.
h) Den Auflauf mit Salz und geriebenem Käse bestreuen.
i) Sahne einfüllen.
j) Heizen Sie die Heißluftfritteuse auf 390 F vor.
k) Decken Sie das Heißluftfritteusenblech mit der Folie ab.
l) Den Auflauf 35 Minuten kochen lassen.

70. **Süßkartoffeln mit Tamarinde**

Macht: 4

ZUTATEN:
- 1 Esslöffel frischer Zitronensaft
- 4 Süßkartoffeln, geschält und gewürfelt
- ¼ Teelöffel schwarzes Salz
- 1½ Esslöffel Tamarinden-Chutney
- ½ Teelöffel Kreuzkümmel, geröstet und grob zerstoßen

ANWEISUNGEN:

a) Süßkartoffeln 7 Minuten in Salzwasser kochen, bis sie bissfest sind.

b) Abgießen und zum Abkühlen beiseite stellen.

c) Alle Zutaten in eine Rührschüssel geben und vorsichtig verrühren.

d) In Schüsseln servieren und Zahnstocher in die gewürfelten Süßkartoffeln stecken.

71. **Fallgemüse auf den Grill**

Ergibt: 1 Portion

Zutaten
- 2 Kartoffeln, gewürfelt
- 1 Eichelkürbis, gewürfelt
- ¼ Tasse Butter; geschmolzen
- 1 Esslöffel Thymian
- Salz und Pfeffer nach Geschmack
- 2 Süßkartoffeln, gewürfelt
- 3 Esslöffel Pflanzenöl

Richtungen
a) Bereiten Sie den Grill für indirektes Grillen vor.
b) Gemüse, Öl, Salz und Pfeffer in einer Rührschüssel vermischen.
c) Auf einem kleinen Teller Butter und Thymian vermengen.
d) Gemüse auf den Grill legen.
e) 15 Minuten bei geschlossenem Deckel garen.
f) Wenden, mit der Butter-Thymian-Mischung bestreichen und weitere 15 Minuten garen, bis das Gemüse weich ist.

72. Gegrilltes Chimichurri-Gemüse

Ergibt 4 Portionen

Zutaten
- 1/2 Tasse Olivenöl
- 2 Teelöffel frischer Thymian
- 2 Schalotten, geviertelt
- 3 Knoblauchzehen, zerdrückt
- 1/3 Tasse frische Petersilienblätter
- 1/4 Tasse frische Basilikumblätter
- 1/2 Teelöffel Salz
- 2 Esslöffel frischer Zitronensaft
- 1 rote Zwiebel, geviertelt
- 1 Süßkartoffel, geschält und gewürfelt
- 1 Zucchini, schräg geschnitten
- 2 reife Kochbananen, der Länge nach halbiert
- 1/4 Teelöffel schwarzer Pfeffer

Richtungen
a) Den Grill vorheizen.

b) In einer Küchenmaschine Schalotten und Knoblauch fein zerkleinern.

c) Pulsieren, bis Petersilie, Basilikum, Thymian, Salz und Pfeffer fein zerkleinert sind. Verarbeiten, bis Zitronensaft und Olivenöl gut vermischt sind. In eine kleine Schüssel geben.

d) Das Gemüse mit der Chimichurri-Sauce bestreichen.

e) Legen Sie sie zum Kochen auf den Grill.

f) Weiter grillen, bis das Gemüse weich ist, 10 bis 15 Minuten für alles außer den Kochbananen, die in 7 Minuten fertig sein sollten.

g) Sofort mit einem Schuss der restlichen Soße servieren.

73. Geröstete Knoblauch-Süßkartoffeln

4 Portionen

Zutaten
- 1 1/2 Pfund ungeschälte Süßkartoffeln, in 1/2-Zoll-Stücke geschnitten
- 12 Knoblauchzehen, geschält und halbiert
- 1 Esslöffel natives Olivenöl extra
- 1–2 Esslöffel gehackte Serrano- oder Jalapeño-Chilis, 3/4 Teelöffel getrockneter Thymian, 1/2 Teelöffel koscheres Salz
- 1/2 Teelöffel Pfeffer

Richtungen
a) Heizen Sie Ihren Backofen und Ihre Pfanne vor. Stellen Sie eine 12 Zoll große ofenfeste Bratpfanne oder Auflaufform, die groß genug ist, um die Kartoffeln in einer einzigen Schicht aufzunehmen, in den Ofen, stellen Sie die Hitze auf 375 °F ein und erhitzen Sie die Pfanne 30 Minuten lang.
b) Mischen Sie die Zutaten. Während die Pfanne erhitzt wird, alle Zutaten in einer Schüssel vermengen.
c) Braten Sie die Kartoffeln. Nehmen Sie die erhitzte Pfanne aus dem Ofen und verteilen Sie die gemischten Zutaten sofort gleichmäßig. Stellen Sie die Pfanne in den Ofen und rösten Sie die Kartoffeln 45 Minuten lang. Rühren Sie dabei alle 15 Minuten um, damit sie gleichmäßig garen.

74. Sous Vide Süßkartoffeln mit Ahornglasur

Portionen: 6

ZUTATEN:
- 2 1/2 Pfund Süßkartoffeln, geschält und in 1 1/2 Zoll große Stücke geschnitten
- 1/3 Tasse reiner Ahornsirup
- 2 Esslöffel Butter, geschmolzen
- 1 Esslöffel Zitronensaft
- 1/2 Teelöffel Salz

ANWEISUNGEN:
a) Stellen Sie Ihren Anova auf 190F/87,7C ein.
b) Alle Zutaten in einem vakuumversiegelten Beutel vermischen.
c) Tauchen Sie den Beutel in das Wasserbad und kochen Sie ihn mindestens 60 Minuten und nicht länger als 90 Minuten.
d) Aus dem Beutel nehmen und die Flüssigkeit zum Servieren über die Kartoffeln träufeln.

75. Speck und Süßkartoffeln

PORTIONEN: 4

ZUTATEN:
- ½ Tasse Orangensaft
- 4 Speckscheiben, gekocht und zerbröckelt
- 4 Pfund Süßkartoffeln, in Scheiben geschnitten
- 3 Esslöffel Agavennektar
- ½ Teelöffel Thymian, getrocknet
- ½ Teelöffel Salbei, zerstoßen
- 1 Teelöffel Currypulver
- Eine Prise Meersalz und schwarzer Pfeffer
- 2 Esslöffel Olivenöl

ANWEISUNGEN:

a) Kombinieren Sie in Ihrem Instant-Topf Süßkartoffelscheiben, Orangensaft, Agavennektar, Thymian, Salbei, Curry, Meersalz, schwarzen Pfeffer, Olivenöl und Speck.

b) Zugedeckt 10 Minuten auf höchster Stufe garen.

c) Auf Frühstücksteller verteilen und servieren.

76. Gemischter Gouda-Kartoffelbrei

Macht: 12

ZUTATEN:
- Pfeffer 1/2 Teelöffel
- Paprika 1 Teelöffel
- 1/2 Teelöffel salzen
- Gouda-Käse (gerieben) 1 Tasse
- 2 % Milch 1/2 Tasse
- Süßkartoffeln, mittelgroß (gewürfelt und geschält) 2 Yukon-Goldkartoffeln, mittelgroß (gewürfelt und geschält) 6

ANWEISUNGEN:
a) Süßkartoffeln und Yukon Gold in einen Schmortopf geben. Fügen Sie Wasser hinzu, um die Zutaten zu bedecken. Kochen Sie sie und reduzieren Sie dann die Hitze.

b) Kochen Sie es, aber lassen Sie es 10 bis 15 Minuten lang offen, bis es weich ist. Lassen Sie sie abtropfen und geben Sie sie wieder in die Pfanne.

c) Die Kartoffeln zerstampfen und nach und nach die Milch hinzufügen. Pfeffer, Salz, Paprika und Käse untermischen.

77. Zweifarbige gebackene Süßkartoffeln

Macht: 12

ZUTATEN:
- Salz (verteilt) 1½ Teelöffel
- Frischer Schnittlauch (gehackt und geteilt) 4 Esslöffel Cheddar-Käse (gerieben) ¾ Tasse 2 % Milch 1/3 Tasse
- Sauerrahm (aufgeteilt) 2/3 Tasse
- Süßkartoffeln, mittel 6
- Rotkartoffeln, mittelgroß 6

ANWEISUNGEN:
a) Den Ofen auf 400 Grad F vorheizen. Schrubben Sie die Süßkartoffeln und den Rost; Mit einer Gabel mehrmals einstechen. Legen Sie es in mit Folie ausgelegte Pfannen (15×10×1).
b) 1 Stunde bis 1 Stunde und 10 Minuten backen, bis sie weich sind. Reduzieren Sie die Einstellungen des Ofens auf 350 Grad F.
c) Wenn es kühl genug ist, um den Griff zu halten, schneiden Sie alle rotbraunen Kartoffeln um ein Drittel von der Oberseite ab. Entsorgen Sie alle Oberteile und bewahren Sie die anderen auf.
d) Entfernen Sie das Fruchtfleisch und lassen Sie nur ½ Zoll dicke Schalen übrig. Nehmen Sie eine Schüssel, zerdrücken Sie das Fruchtfleisch, fügen Sie 1/3 Tasse Sauerrahm, ¾ Teelöffel Salz, 2 Esslöffel Auswahl, Käse und Milch hinzu.
e) Die Mischung aus rotbraunen Kartoffeln in die Hälfte jeder Süßkartoffelschale und jedes Rotbraun geben.
f) Die Süßkartoffelmischung in eine andere Hälfte geben. Geben Sie es zurück in die Pfanne.
g) 15 bis 20 Minuten backen, bis es richtig erhitzt ist.

78. Chili-Süßkartoffelgratin

Ergibt: 6 Portionen

ZUTATEN:
- 2 Dosen (10 Unzen) milde Enchiladasauce (2 Tassen)
- 1 Tasse Wasser
- 2 große Knoblauchzehen
- Nelken; gehackt und zu einer Paste püriert
- 5 große Süßkartoffeln; (ungefähr 3 1/2 Pfund)
- 1⅓ Tasse grob geriebener Monterey-Jack-Käse; (ungefähr 6 Unzen)

ANWEISUNGEN:
a) Ofen auf 375F vorheizen. In einem großen Topf Enchiladasauce, Wasser und Knoblauch mit Salz nach Geschmack köcheln lassen, dabei gelegentlich umrühren, 5 Minuten lang.
b) Kartoffeln schälen und quer in zentimeterdicke Scheiben schneiden. In einer 3-Liter-Auflaufform oder einer flachen Auflaufform ein Viertel der Kartoffeln in konzentrischen Kreisen schichten, leicht überlappen, und mit ⅓ Tasse Käse bestreuen. Die restlichen Kartoffeln und den Käse auf die gleiche Weise weiter schichten und mit dem Käse abschließen.
c) Gießen Sie die Soße langsam über die Kartoffeln, lassen Sie sie zwischen den Schichten durchsickern und backen Sie das Gratin in einer flachen Backform (es könnten Blasen entstehen) in der Mitte des Ofens 1 Stunde lang oder bis die Kartoffeln weich sind.
d) Das Gratin kann 2 Tage im Voraus zubereitet und gekühlt und abgedeckt werden.
e) Den Gratin zugedeckt im Ofen aufwärmen.

SALATE

79. Rucola-Süßkartoffel-Salat

Macht: 4

ZUTATEN:
- 1 Pfund Süßkartoffeln
- 1 Tasse Walnüsse
- 1 Esslöffel Olivenöl
- 1 Tasse Wasser
- 1 Esslöffel Sojasauce
- 3 Tassen Rucola

ANWEISUNGEN:

a) Kartoffeln bei 200 °C backen, bis sie weich sind, herausnehmen und beiseite stellen

b) In einer Schüssel Walnüsse mit Olivenöl beträufeln und 2-3 Minuten in der Mikrowelle erhitzen, bis sie geröstet sind

c) In einer Schüssel alle Salatzutaten vermengen und gut vermischen

d) Sojasauce darübergießen und servieren

80. Herbsterntesalat

Ergibt 4 Portionen

ZUTATEN:

- 1 Pfund Süßkartoffeln, geschält und in 1/2-Zoll-Würfel geschnitten
- 1 Esslöffel reiner Ahornsirup
- 1/2 Teelöffel Dijon-Senf
- 1/2 Teelöffel Salz
- 2 Esslöffel Apfelessig
- 1/3 Tasse Traubenkernöl
- 1 reife Bosc-Birne
- 1 knackiger Apfel mit roter Schale, z. B. Red Delicious, Fuji oder Gala
- 2 Sellerierippen, gehackt
- 1/2 Tasse geröstete Walnüsse oder Pekannüsse
- 1/4 Tasse gesüßte getrocknete Preiselbeeren
- 2 Frühlingszwiebeln, gehackt

ANWEISUNGEN:

a) In einem großen Topf mit kochendem Salzwasser die Süßkartoffeln etwa 20 Minuten kochen, bis sie gerade weich sind. Gut abtropfen lassen, in eine große Schüssel geben und beiseite stellen.

b) In einer separaten großen Schüssel Ahornsirup, Senf, Salz und Essig vermischen. Das Öl unterrühren, bis alles gut vermischt ist. Beiseite legen.

c) Birne und Apfel entkernen und in 1/2-Zoll-Würfel schneiden. Geben Sie sie mit dem Dressing in die Schüssel und

d) Zum Überziehen werfen. Die Birnen-Apfel-Mischung zu den Süßkartoffeln geben. Sellerie, Walnüsse, Preiselbeeren und Frühlingszwiebeln hinzufügen. Vorsichtig umrühren und servieren.

81. Süßkartoffel und Brokkoli mit Granatapfel-Dressing

Ergibt 4 bis 6 Portionen

ZUTATEN:
- 3 Süßkartoffeln, ungeschält
- 2 Tassen leicht gedämpfte Brokkoliröschen
- 3 Sellerierippen, in 1/4-Zoll-Scheiben geschnitten
- 4 Frühlingszwiebeln, gehackt
- 2 Esslöffel gehackte frische Petersilie
- 1/4 Tasse cremige Erdnussbutter
- 1 Teelöffel gehackter frischer Ingwer
- 1/4 Tasse Traubenkernöl
- 1/4 Tasse frischer Zitronensaft
- 1/2 Teelöffel Zucker
- Salz und frisch gemahlener schwarzer Pfeffer
- 1/4 Tasse zerstoßene, ungesalzene, geröstete Erdnüsse zum Garnieren
- 2 Esslöffel frische Granatapfelkerne oder 1/4 Tasse gesüßte getrocknete Preiselbeeren zum Garnieren

ANWEISUNGEN:
a) In einem großen Topf die Süßkartoffeln und so viel Wasser zum Kochen bringen, dass sie bei starker Hitze bedeckt sind.

b) Reduzieren Sie die Hitze auf mittlere Stufe und lassen Sie es etwa 30 Minuten köcheln, bis es zart, aber immer noch fest ist. Abgießen und abkühlen lassen, dann schälen, in 1/2-Zoll-Stücke schneiden und in eine große Schüssel geben. Brokkoli, Sellerie, Frühlingszwiebeln und Petersilie hinzufügen. Beiseite legen.

c) In einer kleinen Schüssel Erdnussbutter, Ingwer, Öl, Zitronensaft, Zucker sowie Salz und Pfeffer nach Geschmack vermischen. Gießen Sie das Dressing über den Salat und vermischen Sie es vorsichtig.

d) Mit Erdnüssen und Granatapfelkernen garnieren und servieren.

82. Grünkohlsalat mit Süßkartoffeln

Ergibt: für 6–8 Personen

Zutaten

- 2 Pfund Süßkartoffeln, geschält und quer in 1/2 Zoll dicke Scheiben geschnitten
- 1/4 Tasse plus 2 EL. rotes Palmöl oder Pflanzenöl
- 1 EL. Kreuzkümmelsamen
- 1 EL. Thymianblätter
- 2 Knoblauchzehen
- Koscheres Salz und frisch gemahlener schwarzer Pfeffer
- 2 EL. frischer Limettensaft
- 1 Teelöffel. gehackter Ingwer
- 1 Pfund Grünkohl, Stiele entfernt, Blätter dünn zerkleinert (6 Tassen)
- 2 Unzen. Ziegenkäse, zerbröselt
- 1/4 Tasse geröstete, ungesalzene Cashewnüsse, grob gehackt

Richtungen

a) Heizen Sie den Ofen auf 400° vor. Auf einem Backblech mit Rand die Süßkartoffelscheiben mit 2 Esslöffeln Palmöl, Kreuzkümmel, Thymian und Knoblauch vermengen. Mit Salz und Pfeffer würzen und die Süßkartoffeln etwa 40 Minuten rösten, dabei einmal nach der Hälfte der Garzeit wenden, bis sie goldbraun sind. Die Kartoffeln auf ein Gitter legen und abkühlen lassen.

b) In der Zwischenzeit den Limettensaft und den Ingwer in einer kleinen Schüssel vermischen und 10 Minuten lang stehen lassen, damit sie weich werden. Das restliche 1/4 Tasse Palmöl unterrühren, bis es emulgiert ist, und dann die Vinaigrette mit Salz und Pfeffer würzen.

c) Zum Servieren den Grünkohl in eine große Schüssel geben und mit 1 Esslöffel Dressing vermischen und etwa 5 Minuten lang in das Grün einmassieren. Geben Sie das Gemüse auf eine Servierplatte, belegen Sie es mit den Süßkartoffeln und bestreuen Sie es mit Ziegenkäse und Cashewnüssen.

d) Mit dem restlichen Dressing als Beilage servieren.

83. Süßkartoffelsalat mit Mandeln

Macht: 6

ZUTATEN:
- 3 Pfund Süßkartoffeln, geschält und in ¾-Zoll-Stücke geschnitten
- 6 Esslöffel natives Olivenöl extra, geteilt
- 2 Teelöffel Speisesalz
- 3 Frühlingszwiebeln, in dünne Scheiben geschnitten
- 3 Esslöffel Limettensaft (2 Limetten)
- 1 Jalapeño-Chili, entstielt, entkernt und gehackt
- 1 Teelöffel gemahlener Kreuzkümmel
- 1 Teelöffel geräuchertes Paprikapulver
- 1 Teelöffel Pfeffer
- 1 Knoblauchzehe, gehackt
- ½ Teelöffel gemahlener Piment
- ½ Tasse frische Korianderblätter und -stiele, grob gehackt
- ½ Tasse ganze Mandeln, geröstet und gehackt

ANWEISUNGEN:

a) Stellen Sie den Ofenrost auf die mittlere Position und heizen Sie den Ofen auf 450 Grad vor. Kartoffeln mit 2 Esslöffeln Öl und Salz vermengen, dann auf ein Backblech mit Rand legen und gleichmäßig verteilen. 30 bis 40 Minuten rösten, bis die Kartoffeln zart sind und gerade anfangen zu bräunen, dabei nach der Hälfte der Röstzeit umrühren. Kartoffeln 30 Minuten abkühlen lassen.

b) In der Zwischenzeit Frühlingszwiebeln, Limettensaft, Jalapeño, Kreuzkümmel, Paprika, Pfeffer, Knoblauch, Piment und die restliche ¼ Tasse Öl in einer großen Schüssel vermischen. Koriander, Mandeln und Kartoffeln hinzufügen und vermischen. Aufschlag.

84. Quinoa-Mango-Salat mit Kartoffelpüree

Macht: 3

ZUTATEN:
1. 1 Tasse Quinoa (Hirse)
2. 1 Tasse Radieschen
3. 2 Esslöffel Olivenöl
4. 2 Teelöffel Salz
5. 1 Teelöffel schwarzer Pfeffer
6. Einige Grünkohlblätter
7. ½ Tasse Cashewnüsse
8. 5 Mangos, in Scheiben geschnitten
9. 2 Süßkartoffeln, gewürfelt
10. 1 Esslöffel Zitronensaft
11. 3 Knoblauchzehen, zerdrückt
12. ¼ Avocado gewürfelt

ANWEISUNGEN:
a) Stellen Sie Ihren Instant-Topf auf die Bratfunktion
b) Olivenöl und Knoblauch dazugeben
c) Etwa 2 Minuten rühren
d) Quinoa dazugeben und 5 Minuten weiterrühren
e) Den Grünkohl und die Radieschen dazugeben und weitere 3 Minuten unter Rühren braten
f) Nehmen Sie diese aus dem Instant-Topf und legen Sie sie auf Servierteller
g) Geben Sie Wasser in den Instant-Topf
h) Kartoffeln, Salz, Zitronensaft und schwarzen Pfeffer hinzufügen
i) Decken Sie Ihren Instanttopf ab und kochen Sie die Kartoffeln 5 Minuten lang
j) Die Kartoffeln zerdrücken und die Avocado und Mangos hinzufügen
k) Mit dem gebratenen Grünkohl servieren
l) Seien Sie bei der Serviermethode kreativ

85. Gegrillter Drei-Kartoffel-Salat

Macht: 6

ZUTATEN:
- Pfeffer 1/4 Teelöffel
- Selleriesamen 1/2 Teelöffel
- 1 Teelöffel salzen
- Dijon-Senf 1 Esslöffel
- Weißweinessig 3 Esslöffel
- Rapsöl 1/4 Tasse
- Frühlingszwiebeln (dünn geschnitten) 1/Tasse
- Süßkartoffel, mittelgroß (geschält) 1
- Rote Kartoffeln 1 ¾ Tasse
- Yukon-Goldkartoffeln 1 ¾ Tasse

ANWEISUNGEN:
a) Legen Sie die Süßkartoffel und die Kartoffeln in einen Schmortopf. abdecken und 15 bis 20 Minuten köcheln lassen, bis sie weich werden.
b) Die Mischung abgießen und abkühlen lassen. Schneiden Sie es in Stücke von jeweils 1 Zoll.
c) Geben Sie die Kartoffelmischung in einen Korb oder einen Grill-Wok. Grillen Sie es 10 bis 12 Minuten lang auf mittlerer Flamme, bis es braun wird. In regelmäßigen Abständen umrühren.
d) Geben Sie die Mischung in eine große Salatschüssel. Fügen Sie die Zwiebeln hinzu.
e) Pfeffer, Selleriesamen, Salz, Senf, Essig und Öl verquirlen.
f) Die Kartoffelmischung darüber träufeln und gut umrühren, damit sie gut bedeckt ist.
g) Servieren Sie es bei Zimmertemperatur oder einfach warm.

86. Gerösteter Süßkartoffel-Prosciutto-Salat

Macht: 8

ZUTATEN:
- Honig 1 Teelöffel
- Zitronensaft 1 Esslöffel
- Frühlingszwiebeln (geteilt und in Scheiben geschnitten) 2
- Süßer roter Pfeffer (fein gehackt) 1/4 Tasse
- Pekannüsse (gehackt und geröstet) 1/3 Tasse
- Radieschen (in Scheiben geschnitten) 1/2 Tasse
- Prosciutto (in dünne Scheiben geschnitten und julieniert) 1/2 Tasse
- Pfeffer 1/8 Teelöffel
- 1/2 Teelöffel Salz (aufgeteilt)
- 4 Esslöffel Olivenöl (aufgeteilt)
- 3 Süßkartoffeln, mittelgroß (geschält und in 2,5 cm große Würfel geschnitten)

ANWEISUNGEN:
a) Den Ofen auf 400 Grad F vorheizen. Legen Sie die Süßkartoffeln in eine gefettete Backform (38 x 25 x 2,5 cm).

b) 2 Esslöffel Öl darüberträufeln, 1/4 Teelöffel Salz und Pfeffer darüber streuen und gut vermengen. Eine halbe Stunde lang rösten, in regelmäßigen Abständen noch einmal.

c) Streuen Sie etwas Schinken über die Süßkartoffeln und rösten Sie ihn 10 bis 15 Minuten lang, bis die Süßkartoffeln weich und der Schinken knusprig ist.

d) Geben Sie die Mischung in eine große Schüssel und lassen Sie sie etwas abkühlen.

e) Fügen Sie die Hälfte der Frühlingszwiebeln, der roten Paprika, der Pekannüsse und der Radieschen hinzu. Nehmen Sie eine kleine Schüssel und verrühren Sie das Salz, das restliche Öl, den Honig und den Zitronensaft, bis alles gut vermischt ist.

f) Über den Salat träufeln; Zum Kombinieren richtig vermengen. Mit den restlichen Frühlingszwiebeln bestreuen.

87. Salat mit geröstetem Gemüse und Polenta

Ergibt: 4 Portionen

Zutaten
- 2 mittelgroße Süßkartoffeln, in 3/4-Zoll-Stücke geschnitten
- 1 kleiner Kopf Brokkoli, Röschen und Stiele gehackt
- 1 kleine rote Zwiebel, in 3/4-Zoll-Spalten geschnitten
- 1 Tasse Kirsch- oder Traubentomaten
- 5 Esslöffel natives Olivenöl extra
- Koscheres Salz und frisch gemahlener Pfeffer
- 2 Esslöffel Weißweinessig
- 1 18-Unzen-Tube zubereitete Polenta
- 12 große Salbeiblätter
- 1 5-Unzen-Paket gemischter Babysalat
- 2 Unzen Ziegenkäse

ANWEISUNGEN:

a) Legen Sie ein Backblech mit Rand in die Mitte des Ofens und heizen Sie es auf 200 °C vor. Kombinieren Sie die Süßkartoffeln, den Brokkoli, die roten Zwiebeln und die Tomaten in einer Schüssel. Fügen Sie 2 Esslöffel Olivenöl, 3/4 Teelöffel Salz und eine großzügige Menge Pfeffer hinzu; gut umrühren. Auf der heißen Pfanne verteilen und unter ein- oder zweimaligem Rühren 25 bis 30 Minuten rösten, bis das Gemüse gebräunt ist. Mit 1 Esslöffel Essig beträufeln und alle festsitzenden Reste vom Boden der Pfanne abkratzen.

b) In der Zwischenzeit die Polenta in etwa 24 Zentimeter große Stücke schneiden. Erhitzen Sie 2 weitere Esslöffel Olivenöl in einer großen beschichteten Pfanne bei mittlerer bis hoher Hitze. Fügen Sie die Salbeiblätter hinzu und kochen Sie sie 1 bis 2 Minuten lang, bis sie knusprig sind. Zum Abtropfen auf ein Papiertuch geben. Die Polentastücke zum restlichen Öl in der Pfanne hinzufügen; mit Salz und Pfeffer würzen. Unter gelegentlichem Wenden kochen, bis sich die Polentastücke leicht aus der Pfanne lösen und goldbraun und knusprig sind (15 bis 20 Minuten).

c) Den Salat mit den restlichen je 1 Esslöffel Olivenöl und Essig sowie je einer Prise Salz und Pfeffer vermengen. Auf flache Schüsseln verteilen. Das warme, geröstete Gemüse und die Polenta gleichmäßig darauf verteilen, zusammen mit etwas zusätzlichem Olivenöl aus der Pfanne. Den Ziegenkäse in Stücke brechen und über den Salat streuen. Den gebratenen Salbei zerzupfen und darüber streuen.

88. Geröstete Süßkartoffeln und frische Feigen

FÜR 4 PERSONEN

ZUTATEN

- 4 kleine Süßkartoffeln (insgesamt 2¼ Pfund / 1 kg)
- 5 EL Olivenöl
- 3 EL / 40 ml Balsamico-Essig (Sie können einen handelsüblichen statt eines Premium-Essigs verwenden)
- 1½ EL / 20 g feinster Zucker
- 12 Frühlingszwiebeln, der Länge nach halbiert und in 4 cm große Stücke geschnitten
- 1 rote Chilischote, in dünne Scheiben geschnitten
- 6 reife Feigen (insgesamt 8½ oz / 240 g), geviertelt
- 5 oz / 150 g weicher Ziegenkäse (optional)
- Maldon-Meersalz und frisch gemahlener schwarzer Pfeffer

ANWEISUNGEN

a) Heizen Sie den Ofen auf 475 °F / 240 °C vor.

b) Waschen Sie die Süßkartoffeln, halbieren Sie sie der Länge nach und schneiden Sie dann jede Hälfte noch einmal in ebenso lange Stücke. Mit 3 Esslöffeln Olivenöl, 2 Teelöffeln Salz und etwas schwarzem Pfeffer vermischen. Die Spalten mit der Hautseite nach unten auf einem Backblech ausbreiten und etwa 25 Minuten kochen, bis sie weich, aber nicht matschig sind. Aus dem Ofen nehmen und abkühlen lassen.

c) Für die Balsamico-Reduktion Balsamico-Essig und Zucker in einen kleinen Topf geben. Zum Kochen bringen, dann die Hitze reduzieren und 2 bis 4 Minuten köcheln lassen, bis die Masse eindickt. Nehmen Sie die Pfanne unbedingt vom Herd, wenn der Essig noch flüssiger als Honig ist. Beim Abkühlen wird es weiter dicker. Vor dem Servieren einen Tropfen Wasser unterrühren, falls es zu dick wird, um zu beträufeln.

d) Die Süßkartoffeln auf einer Servierplatte anrichten. Das restliche Öl in einem mittelgroßen Topf bei mittlerer Hitze erhitzen und die Frühlingszwiebeln und Chili hinzufügen. 4 bis 5 Minuten braten, dabei häufig umrühren, um sicherzustellen, dass das Chili nicht anbrennt. Öl, Zwiebeln und Chili über die Süßkartoffeln geben. Die Feigen auf die Spalten verteilen und dann mit der Balsamico-Reduktion beträufeln. Bei Zimmertemperatur servieren. Den Käse darüberbröckeln, falls verwendet.

89. Caesar-Salat mit BBQ-Süßkartoffel-Croutons

Macht: 2

ZUTATEN:
SALAT
- 1 Portion vom Grill geröstete Süßkartoffel-Croutons
- 1 Tasse Karotten, geraspelt
- 2 Köpfe Römersalatherzen, abgespült, getrocknet, grob gehackt
- 2 Esslöffel Nährhefe
- 1 Tasse grob gehackte Petersilie

DRESSING
- 1/2 Tasse einfacher Hummus
- 4 Knoblauchzehen, gehackt
- 1 1/2 Teelöffel würziger Senf
- 2 Esslöffel Zitronensaft
- 2 Teelöffel Ahornsirup
- 1 Teelöffel Gemüsebrühe
- 2 Teelöffel Kapern, gehackt
- 2 Teelöffel Kapernsalzsaft
- 1/2 Teelöffel Zitronenschale

1 gesunde Prise Meersalz

ANWEISUNGEN:

a) Bereiten Sie das Dressing in einer Rührschüssel vor. Kombinieren Sie einfach Hummus, Knoblauch, scharfen Senf, Zitronenschale und -saft, Kapern, Ahornsirup, Salzlake, Salz und Pfeffer.

b) Mischen Sie die Mischung und fügen Sie etwas Wasser hinzu, um die Konsistenz zu verdünnen und das Gießen zu erleichtern. Die Mischung verquirlen, bis sie cremig und glatt ist.

c) Mit Salz und Pfeffer, Zitronenschale für den lebendigen Zitrusgeschmack, Saft für die Säure, Knoblauch für den pikanten Geschmack, Kapern für den meeresartigen Geschmack, Senf für die Würze, Ahornsirup für die Süße und Gemüsebrühe würzen.

d) Bereiten Sie die restlichen Zutaten vor, darunter Römersalat, Petersilie und geraspelte Karotten. Anschließend alles in eine Servierschüssel umfüllen und nach Belieben mit Süßkartoffeln und Nährhefe belegen.

e) Das Dressing untermischen, um alles mit Geschmack zu umhüllen. Servieren und genießen!

90. Grüner Süßkartoffel-Avocado-Salat

Macht: 1

ZUTATEN:
- Süßkartoffel
- 1 große Bio-Süßkartoffel
- 1 Esslöffel Gemüsebrühe
- 1 Prise Meersalz
- Dressing
- 1/4 Tasse Tahini
- 1 Esslöffel Ahornsirup
- 2 Esslöffel Zitronensaft
- 1 Prise Meersalz
- Wasser, zu verdünnen
- Salat
- 1 mittelreife Avocado, gewürfelt
- 5 Tassen Gemüse nach Wahl
- 2 Esslöffel Hanfsamen

ANWEISUNGEN:

a) Heizen Sie Ihren Backofen auf 375 °F vor. Bereiten Sie ein Backblech mit Backpapier vor.

b) Süßkartoffeln hinzufügen und mit etwas Gemüsebrühe und Salz vermischen. Die Kartoffeln gleichmäßig verteilen.

c) 15 Minuten backen, dabei wenden, um ein gleichmäßiges Backen zu gewährleisten. Weitere 5-10 Minuten backen oder bis die Kartoffeln zart und goldbraun sind.

d) In einer Rührschüssel Tahini, Ahornsirup, Zitronensaft und Salz vermischen. Mit dem Schneebesen verrühren und dann nach und nach etwas Wasser hinzufügen, bis eine halbdicke Konsistenz entsteht.

e) Schmecken Sie ab und passen Sie den Geschmack je nach Geschmack an. Beiseite legen.

f) Stellen Sie den Salat in einer Servierschüssel zusammen, indem Sie das Gemüse schichten und mit Avocado und gerösteten Süßkartoffeln belegen.

g) Mit Dressing servieren und optional mit Hanfsamen bestreuen.

NACHTISCH

91. Hühnerpastete mit Süßkartoffeln

Ergibt: 5 Portionen

ZUTATEN:
- 1 ganzer Hühnerpuck
- 3 große Süßkartoffeln
- 2 Zwiebeln
- 4 Knoblauchzehen
- ½ Tasse Tomatensauce
- 1 Tasse gekochtes grünes Bananenpüree
- 1 Esslöffel Schmalz
- 1 Tasse Milch
- Salz, schwarzer Pfeffer und Cayennepfeffer, Paprika, Muskatnuss, Kreuzkümmel, Curry

ANWEISUNGEN:

a) Kochen Sie zunächst die Hähnchenbrust in Wasser. Bereiten Sie es im Schnellkochtopf zu und lassen Sie es 20 Minuten lang kochen, bis der Topf kocht.

b) Kochen Sie das Huhn und bereiten Sie die Süßkartoffeln in Wasser zu, um das Püree herzustellen.

c) Machen Sie das Kartoffelpüree mit der Butter und fügen Sie die Milch hinzu, um die gewünschte Konsistenz zu erhalten. Mit Salz, schwarzem Pfeffer und Muskatnuss würzen.

d) Nachdem das Huhn abgekühlt ist, können Sie alles klein zerdrücken.

e) In einem Topf die Zwiebel mit wenig Öl anbraten. Den Knoblauch, die Tomatensauce und das Huhn hinzufügen. Gut vermischen, bei mittlerer Trockenheit etwas Wasser hinzufügen. Geben Sie die Gewürze hinzu: Salz, schwarzer Pfeffer und Cayennepfeffer, Kreuzkümmel, Curry. Versuchen Sie herauszufinden, ob es Ihren Wünschen entspricht.

f) Wenn Ihnen schon gefällt, wie großartig es war. Wenn Sie jedoch eine cremigere Konsistenz wünschen, ist das grüne Bananenpüree ideal. Wenn nicht, können Sie auch die Milch mit der Maisstärke verwenden.

g) Um das Gericht zusammenzustellen, legen Sie das sautierte Hähnchen darauf und belegen Sie es mit dem Kartoffelpüree. Für 20 Minuten bei 180 °C in den Ofen geben.

92. Kokosnuss-Süßkartoffelpudding

KÜCHE: KENYA

Zutaten(für 6 Personen)
- 1 Tasse frisch gemahlene Kokosnuss
- ½ Tassen Süßkartoffeln, gekocht oder püriert
- Eier
- ¾ Tasse Zucker
- ¾ Tasse Milch
- ½ Tasse Wasser
- 4 EL geschmolzene Butter
- ½ TL Gewürzmischung
- ½ TL Zimt

ANWEISUNGEN:

a) Zucker, Süßkartoffeln und Kokosnuss mit einem Löffel glatt rühren. Butter, Milch und Wasser hinzufügen und gründlich verrühren. Schlagen Sie die Eierleicht verrühren und die Mischung dann nach und nach einrühren.

b) Gewürze und Zimt hinzufügen. Weiter schlagen, bis die Masse cremig und sehr glatt ist. Die Mischung in eine gefettete Auflaufform geben und 30 Minuten im heißen Ofen backen, bis sie goldbraun ist. Sie können es heiß oder kalt servieren.

93. Süßkartoffelkuchen-Trifle

Ergibt: 16 Portionen

ZUTATEN:
- 1 Pekannusstorte
- 1 Süßkartoffelkuchen oder Kürbiskuchen
- 2 ½ Tassen Schlagsahne
- 2 Tassen Butter-Pekannuss-Eis
- 1 Tasse Karamellsauce

ANWEISUNGEN:
a) Als Boden beginne ich mit dem Süßkartoffelkuchen und der Kruste, damit er stabil bleibt.
b) Als nächstes etwas Eis und dann Schlagsahne darauf verteilen. Wenn Sie möchten, können Sie der Schlagsahne etwas Karamell hinzufügen.
c) Als nächstes schichte ich die Pekannusskuchenstücke darüber.
d) Anschließend mit Eis und Schlagsahne wiederholen und mit Karamell und Pekannüssen belegen.

94. Süßkartoffelkuchen-Tiramisu

Ergibt: 16 Portionen

ZUTATEN
- 8 Unzen Mascarpone-Käse, weich
- ½ Tasse Kristallzucker plus einen Esslöffel getrennt
- ⅓ Tasse brauner Zucker verpackt
- 15 Unzen Süßkartoffel in Sirup, abgetropft und püriert
- ½ Teelöffel gemahlener Zimt und etwas mehr zum Garnieren
- ¼ Teelöffel gemahlene Muskatnuss
- 2 Esslöffel reiner Vanilleextrakt getrennt
- 2 ½ Tassen frische Schlagsahne getrennt
- ¼ Tasse warmer Kaffee
- 17,5 Unzen Ladyfingers
- 6 Gingersnaps zerkrümelt

ANWEISUNGEN
FÜR DIE FÜLLUNG:
a) Mascarpone-Käse und ½ Tasse Kristallzucker sowie braunen Zucker in eine Küchenmaschine geben und glatt rühren.
b) Als nächstes das Süßkartoffelpüree, Zimt, Muskatnuss und 1 Esslöffel Vanilleextrakt hinzufügen und verrühren, bis alles gut vermischt ist.
c) Zuletzt 1 ½ Tassen Schlagsahne unter die Süßkartoffelmischung heben und beiseite stellen.
ZUSAMMENBAU DES TIRAMISU:
d) Den restlichen Teelöffel Vanilleextrakt in eine Schüssel mit Kaffee geben und verrühren.
e) Ordnen Sie eine ganze Reihe Löffelbiskuits auf dem Boden einer 9-Zoll-Springform an.
f) Gießen Sie die Hälfte der warmen Kaffeemischung über die Löffelbiskuits, damit sie einweichen.
g) Nehmen Sie als nächstes die Hälfte der Süßkartoffelmischung und streichen Sie sie über die Löffelbiskuits.
h) Erstellen Sie als Nächstes eine weitere Schicht, indem Sie alle Schritte wiederholen. Beginnen Sie mit dem Hinzufügen einer

weiteren Reihe Löffelbiskuits, gießen Sie Kaffeesauce über die Löffelbiskuits und fügen Sie schließlich den Rest der Süßkartoffelmischung hinzu.

i) Nehmen Sie zum Schluss die restliche 1 Tasse Schlagsahne, verquirlen Sie den restlichen Esslöffel Kristallzucker und verteilen Sie ihn auf dem Tiramisu.

j) Garnieren Sie die Oberfläche des Tiramisu mit zerbröckelten Ingwer-Schnapsblättern, geschlagenem Belag und etwas gemahlenem Zimt.

k) Stellen Sie die Springform vor dem Servieren für mindestens 4 Stunden in den Kühlschrank.

95. Kirsch-Süßkartoffelbrot

Ergibt: 1 Portionen

ZUTATEN:
- 1¾ Tasse Mehl
- 1 Teelöffel Backpulver
- 1 Teelöffel Zimt
- 3 Eier
- ½ Tasse Milch
- ½ Tasse März; Kirschen
- 1 Dose (15 Unzen) Süßkartoffel; (oder Yamswurzeln) abgetropft
- ¼ Tasse gehackte Pekannüsse oder Walnüsse
- 1½ Tasse Zucker
- ¼ Teelöffel Salz
- 1 Teelöffel Kürbisgewürz
- ¾ Tasse Pflanzenöl
- ¼ Tasse Rosinen
- 1 Teelöffel Vanille

ANWEISUNGEN:
a) Mehl, Zucker, Salz, Soda, Zimt und Kürbisgewürz gut vermischen. Eier, Öl und Milch hinzufügen und glatt rühren.
b) Süßkartoffeln, Rosinen, Nüsse, Kirschen und Vanille untermischen.
c) In eine gut gefettete, leicht bemehlte Brotform füllen. Etwa 1 Stunde bei 325 Grad backen (nach 50 Minuten prüfen) und mit einem Tester prüfen, ob der Teig fertig ist. Der Tester kommt sauber heraus.

96. Cranberry-Süßkartoffel-Muffins

Ergibt: 12 Portionen

ZUTATEN:
- 1½ Tasse Mehl
- ½ Tasse) Zucker
- 2 Teelöffel Backpulver
- ¾ Teelöffel Salz
- ½ Teelöffel Zimt
- ½ Teelöffel Muskatnuss
- 1 großes Ei
- ½ Tasse Milch
- ½ Tasse Süßkartoffeln; püriert
- ¼ Tasse Margarine; geschmolzen
- 1 Tasse Preiselbeeren

ANWEISUNGEN:

a) Trockene Zutaten vermischen. Mischen Sie die feuchten Zutaten unter die trockenen und rühren Sie, bis sie feucht sind. Preiselbeeren unterheben.

b) Füllen Sie 12 mit Papier ausgelegte Muffinförmchen etwa zu ⅔. Nach Belieben mit Zimtzucker bestreuen.

c) 18–22 Minuten bei 180 °C backen. Zum Abkühlen aus der Pfanne nehmen.

97. Geriebener Süßkartoffelpudding

Ergibt: 1 Portion

ZUTATEN:
- 4 Tassen geriebene Süßkartoffeln
- 1 Tasse Zuckerrohrsirup
- ½ Tasse) Zucker
- 1 Tasse Milch
- ½ Tasse Butter
- 3 Eier
- ½ Tasse gehackte Nüsse
- 1 Tasse Rosinen
- 1 Teelöffel Zimt
- 1 Teelöffel Piment
- ½ Teelöffel Nelken

ANWEISUNGEN:
a) Butter in einer schweren, ofenfesten Pfanne schmelzen. Alle Zutaten miteinander vermischen.
b) Gießen Sie die Mischung in die heiße Butterpfanne und rühren Sie, bis sie erhitzt ist.
c) Die Pfanne in den auf 350 Grad vorgeheizten Ofen stellen und backen.
d) Wenn der Rand und die Oberseite verkrustet sind, wenden Sie ihn um und lassen Sie die Kruste wieder entstehen. Wiederholen Sie dies zweimal und lassen Sie den letzten Teig etwa 40 Minuten lang an den Seiten und oben liegen.
e) Mit gesüßter Sahne oder Eis servieren.

GETRÄNKE

98. Apfelkuchensaft

Ergibt: 2 Portionen

ZUTATEN:
- 1 Süßkartoffel
- ¼ Teelöffel Kürbiskuchengewürz
- 2 Äpfel
- 2 Karotten
- 2 Orangen

ANWEISUNGEN:
a) Die Äpfel entkernen. Entfernen Sie die Schale von Süßkartoffeln und Orangen. Die Karotten putzen.
b) Geben Sie sie zusammen mit den Kürbiskuchengewürzen in Ihren Entsafter.
c) Alle Zutaten entsaften und den Saft in ein paar Gläser füllen.

99. Süßkartoffelkuchen-Proteinshake

Zutaten
- 2 Messlöffel Vanille-Proteinpulver
- 6 Unzen. Mandelmilch
- ½ Tasse Süßkartoffel (bereits gebacken, ohne Schale)
- 1-5 Tropfen Vanilleextrakt
- 4 Unzen. Wasser (mehr für einen dünneren Shake, weniger für einen dickeren Shake)
- Zerstoßenes Eis
- Kürbiskuchengewürz nach Geschmack

Richtungen
a) Geben Sie alle Zutaten 30–60 Sekunden lang in einen Mixer.

100. Süßkartoffel-Shake

Zutaten
- 1 Süßkartoffel, gekocht und geschält
- ½ Teelöffel Zimt
- 1/2 Tasse geriebene Mandeln
- 2 Messlöffel Molkenprotein (jede Geschmacksrichtung)
- 16 Unzen. Vollmilch

Richtungen
a) Geben Sie alle Zutaten 30–60 Sekunden lang in einen Mixer.

ABSCHLUSS

Probieren Sie diese Süßkartoffelrezepte und erobern Sie die Herzen aller Ihrer Familienmitglieder. Es ist sicher, dass sie alle Ihre Kochkünste loben werden, wenn Sie ihnen so köstliche und üppige Speisen servieren. Sie können diesem einfachen Kochbuch folgen, wenn Sie das Rezept nur ausprobieren oder sogar ein bestimmtes Rezept lernen möchten. Servieren Sie diese Gerichte bei einer Versammlung oder einfach bei Ihnen zu Hause. Es wird sich immer lohnen und Sie werden es nie bereuen, eines dieser Rezepte gemacht zu haben.

Wir hoffen, dass Sie durch Befolgen der angegebenen Schritte die Antworten auf Ihre Frage finden, da wir unser Bestes getan haben, um Sie auf jede erdenkliche Weise zu unterstützen. Wir freuen uns darauf, dass Sie diese Rezepte für Ihre Familie und Freunde zubereiten. Egal, ob Sie Anfänger oder Profi sind, dieses Kochbuch wird Ihnen immer eine Hilfe sein, und die Anweisungen zu jedem Rezept machen es Ihnen leicht, es zu befolgen.

Wir hoffen, dass Sie ein glückliches und gesundes Leben führen.

Ingram Content Group UK Ltd.
Milton Keynes UK
UKHW021149220623
423869UK00009B/47